Carbon Neutral, RIGHT NOW

Oxygen is not the only air we breathe. Air contains several gases such as nitrogen and carbon dioxide as well as oxygen. You can ask like this "Carbon dioxide is the main culprit of global warming, and we breathe in that bad thing?" But you don't have to worry about carbon dioxide. The carbon dioxide is not harmful to human. We humans also exhale carbon dioxide while we breathe.

Television news and newspapers report that many people suffer from abnormal weather, causing heat waves, heavy rains, heavy snow, storms, droughts, floods, and landslides. Because of that, we believe that carbon dioxide should be considered a 'bad gas' and be removed. But we only know half of what carbon dioxide is.

If we get to know carbon dioxide well, we'll find it very useful for humans. Of course, even if it is useful, just because it is many does not mean it is good. Likewise, a lot of carbon dioxide causes bad things. But we can use it carefully with that in mind.

Now let's take a closer look at the benefits of carbon dioxide. We will also look at how carbon dioxide is misunderstood as a "climate destroyer."

If we learn more about carbon dioxide, we will find innovative ways to turn the bad side of carbon dioxide, one of the causes of climate change, into an advantage. Then carbon dioxide will escape the stigma of bad gas and continue to help us and the planet more.

오늘 나부터
탄소 중립

탄소를 줄이는 방법

풀과바람 환경생각 18

오늘 나부터 탄소 중립 - 탄소를 줄이는 방법
Carbon Neutral, RIGHT NOW

1판 1쇄 | 2023년 1월 20일
1판 4쇄 | 2023년 12월 20일

글 | 이영란
그림 | 잔나비(유남영)

펴낸이 | 박현진
펴낸곳 | (주)풀과바람
주소 | 경기도 파주시 회동길 329(서패동, 파주출판도시)
전화 | 031) 955-9655~6
팩스 | 031) 955-9657
출판등록 | 2000년 4월 24일 제20-328호
블로그 | blog.naver.com/grassandwind
이메일 | grassandwind@hanmail.net

편집 | 스튜디오 플롯
디자인 | 박기준
마케팅 | 이승민

ⓒ 글 이영란, 그림 잔나비(유남영), 2023

값 13,000원
ISBN 978-89-8389-095-5 73450

※잘못 만들어진 책은 구입처에서 바꾸어 드립니다.

		주의
제품명 오늘 나부터 탄소 중립 | **제조자명** (주)풀과바람 | **제조국명** 대한민국		
전화번호 031)955-9655~6 | **주소** 경기도 파주시 회동길 329		어린이가 책 모서리에
제조년월 2023년 12월 20일 | **사용 연령** 8세 이상		다치지 않게 주의하세요.
KC마크는 이 제품이 공통안전기준에 적합하였음을 의미합니다.		

오늘 나부터 탄소 중립

탄소를 줄이는 방법

이영란 · 글 | 잔나비(유남영) · 그림

우리는 우리가 할 수 있는 일을 하자!

풀과바람

머리글

우리가 들이마시는 공기는 산소만 있는 게 아니에요. 질소도 있고 이산화 탄소도 있어요. "이산화 탄소는 지구 온난화의 주범인데, 우리가 그 나쁜 걸 들이마신다고요?" 하는 걱정은 안 해도 돼요. 숨을 쉴 때 들이마시는 이산화 탄소 때문에 우리의 몸이 더 뜨거워지는 건 아니에요. 몸에 해로운 것도 아니고요. 우리 인간도 숨을 내쉬면서 이산화 탄소를 내뿜는답니다.

텔레비전 뉴스와 신문은 이상 기후로 폭염, 폭우, 폭풍, 폭설, 가뭄, 홍수, 산사태 등이 일어나 전 세계 사람들이 시달리는 것을 보도하고 있어요. 그 원인으로 이산화 탄소를 콕 짚어 내지요.

그 탓에 우리는 이산화 탄소를 '나쁜 기체'로 여기고 제거해야 한다고 믿고 있어요. 하지만 그것은 우리가 이산화 탄소에 대해 반쪽만 알고 있는 거예요.

알고 보면 이산화 탄소는 쓸모가 많아요. 가깝게는 우리의 일상에서, 지구와 생명체의 탄생에서도 없어서는 안 될 기체랍니다. 물론 아무리 좋

은 것도 정도가 지나치면 해롭듯이 이산화 탄소에도 안 좋은 점은 있어요. 하지만 그것은 우리가 신경 써서 조심히 다루면 돼요.

이제 이산화 탄소가 어떤 장점이 있는지 자세히 알아보아요. 어쩌다가 이산화 탄소가 '기후 파괴자'로 오해받고 있는지도 살펴보고요.

여러분이 이산화 탄소에 대해 더 잘 알게 되면, 기후 변화를 일으키는 원인으로서 이산화 탄소의 나쁜 점을 장점으로 바꿀 획기적인 방법을 찾아낼 수 있을 거예요. 그러면 이산화 탄소도 나쁜 기체라는 억울함에서 벗어나 우리와 지구를 위해 더 많은 일을 해 줄 거예요.

이영란

차례

01 이산화 탄소에 대한 오해

 지구의 탄생과 함께한 기체

텔레비전이나 신문, 국제기구 등의 보도를 접하다 보면 사람들이 이산화 탄소를 새롭게 만들어 낸 것 같지요. 하지만 이산화 탄소는 인간이 태어나기 전부터 지구에 있었어요.

지구 온난화는 이산화 탄소 탓?

2021년 투발루의 외교부 장관은 물이 허벅지까지 차오른 투발루의 수도, 푸나푸티의 해안에서 연설했어요.

"여러분이 지금 저를 보시듯, 우리는 기후 변화와 해수면 상승이라는 현실을 살아 내고 있습니다. 이게 우리가 처한 현실입니다."

투발루는 평균 해발 고도가 2~3m밖에 안 되는 섬나라로, 매년 0.5㎝씩 물이 차오르고 있어요. 해발 고도란 바다의 표면에서부터 잰 높이로, 수십 년간 바다의 수위가 오르면서 투발루의 아홉 개의 섬 중 두 곳이 바다에 잠겼어요. 2060년이면 투발루 전체가 바닷속으로 사라질 거래요.

이 소식이 전해진 날, 텔레비전과 신문에서는 또다시 온난화의 원인으로 이산화 탄소를 강조했어요. '기후 변화에 관한 정부 간 협의체(IPCC)'에서는 이산화 탄소를 2010년보다 45% 감축할 것을 권고했지요. 그래야 지구 평균 기온이 1.5℃ 이상 오르는 것을 막을 수 있다고 본 것이죠. 하지만 나라마다 사정이 있어 IPCC의 권고 사항은 잘 지켜지지 않고 있어요. 어떤 학자는 권고 사항대로 지킨다고 해도 지구 평균 기온은 2.4℃ 이상 오를 것으로 예측된다고 해요.

억울한 이산화 탄소

왜 사람들은 이산화 탄소를 걱정하는 걸까요? 그것은 이산화 탄소가 열을 흡수해서 지구의 평균 기온을 높인다고 믿기 때문이에요. 실제로 이산화 탄소의 농도는 산업 혁명 이전에는 280ppm이었는데, 현재는 약 420ppm으로 높아졌어요. 지구의 평균 온도도 올랐어요.

아주 오랜 옛날, 지구가 태어났을 당시만 해도 태양은 지금만큼 뜨겁지 않았어요. 당시 이산화 탄소는 지구 대기의 30%를 차지했을 거라고 해요. 지금보다 이산화 탄소가 짙었던 덕분에 지구는 따뜻한 행성이 됐지요. 그렇지 않았다면 영하 18℃의 추운 행성이 되어 생명체가 나타날 수 없었을 거예요.

지구에 갇힌 기체

지금으로부터 46억 년 전 즈음 마지막에 다다른 별이 폭발하면서 우주에 떠돌던 가스와 먼지가 서로 부딪쳐 뭉쳐졌어요. 원시 태양이 만들어졌지요. 태양 주변에는 여전히 먼지와 수소, 헬륨 같은 이온화된 가스들이 구름처럼 엷게 퍼져 있었어요. 이것을 '성운'이라고 해요. 성운이 서로 부딪치며 하나로 뭉쳐지고, 또다시 충돌하고 뭉치면서 원시 지구가 탄생했어요.

작고 불덩이 같던 원시 지구는 주변의 수많은 미행성과 충돌하면서 엄청난 폭발을 일으켰어요. 충돌로 생긴 에너지도 사방으로 퍼져 나갔지요. 이 에너지는 상상할 수 없을 만큼 어마어마해서 미행성이 지니고 있던 물 분자와 탄산 분자를 순식간에 증발시켰어요. 그 결과 수증기와 이산화 탄소가 만들어졌어요. 이때 지구의 중력으로 갇히면서 수증기와 이산화 탄소는 지구의 대기를 채우게 됐어요.

원시 바다에 녹아든 이산화 탄소

지구와 충돌한 미행성이 한둘이 아니다 보니 지구에는 계속해서 수증기와 이산화 탄소가 생겼어요. 지구의 크기도 커졌지요. 시간이 지나 이러한 충돌이 뜸해지면서 지구가 받는 에너지가 줄어들자 지구는 서서히 식어 가기 시작했어요. 수증기도 더는 기체 상태로 있지 못하고 비가 되어 떨어졌어요. 이때 엄청난 양의 비가 내렸을 거래요. 지금의 바다를 만들 만큼 말이죠.

이산화 탄소가 물에 녹아들면서 공기 속 이산화 탄소 농도는 낮아졌어요. 지구의 온도는 점차 생명체가 살 수 있을 만큼 따뜻해졌어요.

광합성을 하는 존재의 등장

지구 최초의 생명체는 약 35억 년 전에 바다에서 생겼다고 해요. 때때로 호수나 저수지에서 녹조 현상을 일으켜 물을 초록빛으로 바꿔 놓는 남조류예요. 처음에 어떻게 생겼는지는 과학적으로 알려진 바 없어요.

남조류는 광합성을 하고, 아메바와 박테리아처럼 몸이 둘로 나뉘는 방식으로 번식해요. 남조류는 인과 질소가 풍부할수록, 햇빛이 강하고 오래 내리쬘수록, 물의 온도가 높고 흐름이 느릴수록 그 수가 잘 늘어나요.

당시 바다의 온도는 150℃ 정도로 높았다고 해요. 남조류가 나타났을 때의 바다는 녹조 현상이 일어난 호수 같았나 봐요.

질소는 오늘날의 대기에도 가장 많은 기체이므로 당시에도 수두룩했을 테지요. 뼈와 이의 주요 성분인 인은 지구에서 열한 번째로 풍부한 물질이에요. 단단한 암석의 형태로 있었지만, 점차 녹아 바다로 흘러 들어갔을 거예요.

산소를 품은 지구

지구에 나타난 남조류는 햇빛과 물 그리고 이산화 탄소를 이용해 생존해 나갔어요. 바로 광합성을 한 것이지요. 광합성은 식물이 빛을 이용해 영양분을 만드는 과정이에요. 동물과 사람은 먹이나 음식을 먹어서 영양분을 얻지만, 식물은 스스로 만들어 낼 수 있어요. 물과 이산화 탄소를 햇빛을 통해 영양분이 되는 포도당과 산소로 바꾸는 거예요.

남조류가 광합성을 하고 번식하는 동안 더 진화된 식물들이 등장했어요. 그러는 사이 지구의 대기에는 산소의 양이 많아졌지요. 이후 수십억 년이 지나 산호, 지렁이, 극피동물, 삼엽충 같은 동물류도 등장했어요. 250만 년 전에는 최초의 인류라고 인정되는 '오스트랄로피테쿠스'도 탄생했답니다.

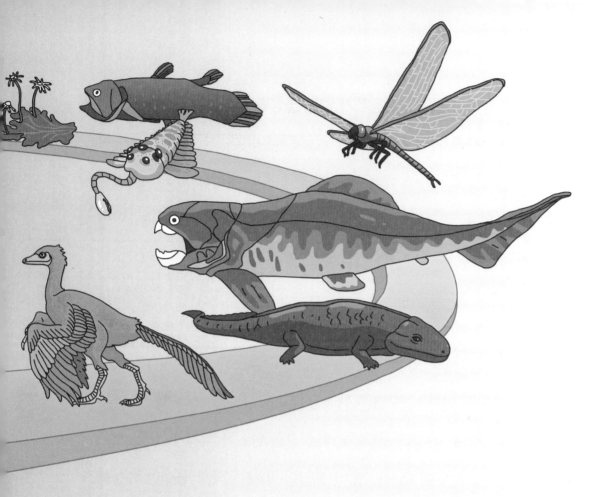

이산화 탄소가 있어도 생명체가 없는 금성과 화성

이산화 탄소가 많아도 생명체가 없는 행성이 있어요. 금성과 화성이지요. 금성은 대기의 96.5%가 이산화 탄소예요. 금성도 지구처럼 미행성과 부딪혔고 불같이 뜨거웠으며, 비가 내렸고 바다가 생겼어요. 하지만 태양과 훨씬 가까운 탓에 바다는 증발하고 말았지요. 바다가 없으니 생명체는 등장조차 할 수 없었어요. 아무 데도 녹아들지 못한 이산화 탄소는 금성의 두터운 대기를 이뤘어요. 이산화 탄소의 온실 효과로 금성의 표면 온도는 475℃나 돼요. 화산 활동 또한 활발한데, 황산 구름이 만들어져 황산 비가 내린답니다.

화성의 대기도 금성과 마찬가지로 이산화 탄소가 가장 많아요. 하지만 중력이 낮은 탓에 대기를 많이 붙잡아 두지 못해서 금성만큼 농도가 짙지는 않아요. 태양과의 거리가 멀어서 온실 효과도 크지 않지요. 그래서 화성의 표면 온도는 영하 80℃로 매우 낮아요. 대기 중의 이산화 탄소가 얼어붙곤 해요.

화성은 낮에 비추는 햇빛으로 기온이 오르락내리락해요. 화성의 극지방은 영하 140℃인데, 여름에는 영하 15℃ 정도예요. 적도의 낮은 15℃, 밤은 영하 80℃예요.

이렇듯 금성과 화성이 이산화 탄소가 많기는 해도 생명체가 생겨나는 데는 별 도움이 되지 못했어요.

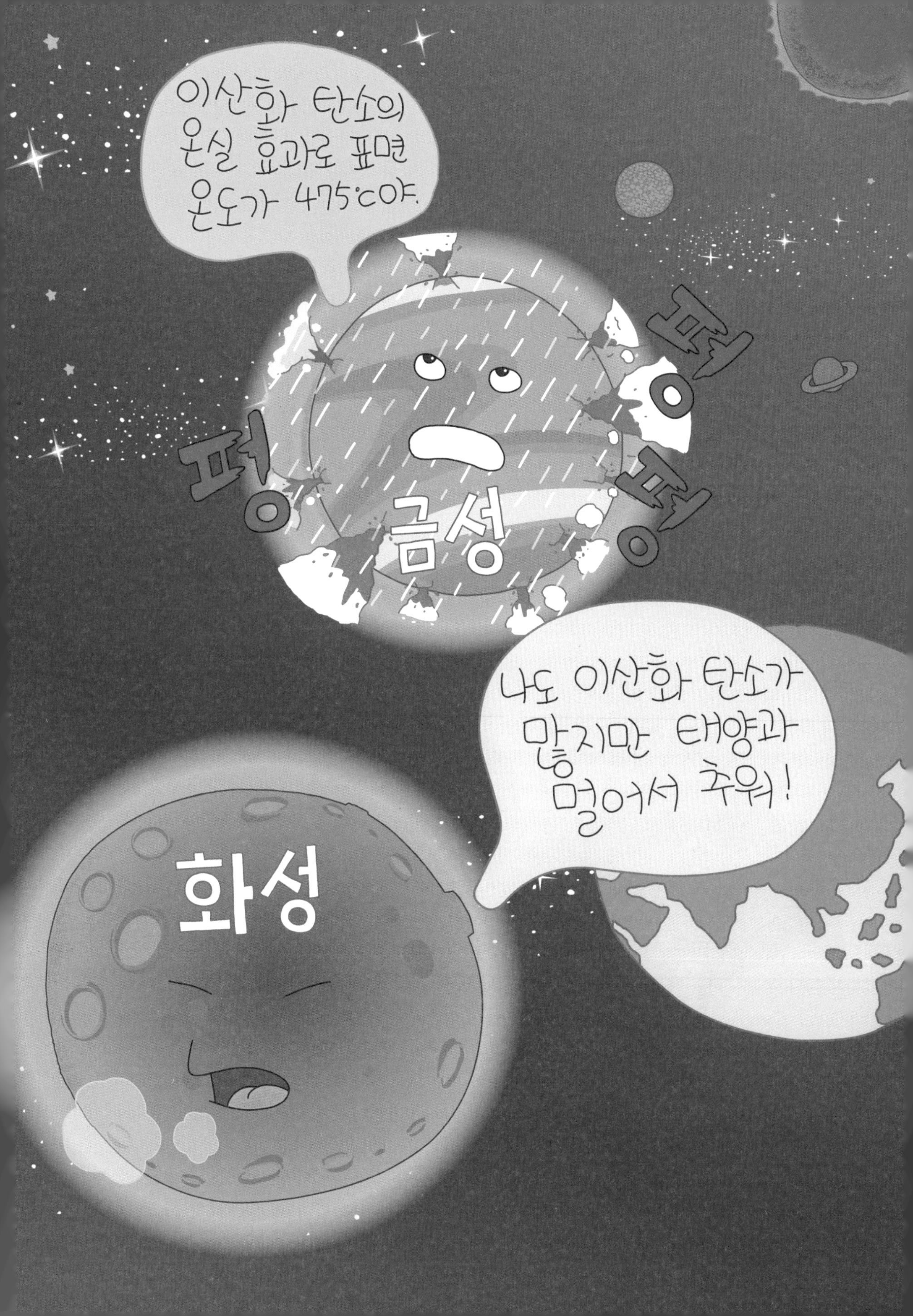
이산화 탄소의 온실 효과로 표면 온도가 475℃야.
펑
펑
펑
금성
나도 이산화 탄소가 많지만 태양과 멀어서 추워!
화성

흔적을 남기지 않는 죽음의 가스

공기 속에 있는 이산화 탄소는 마구 들이마셔도 해롭지 않아요. 하지만 '좋은 것도 정도가 지나치면 독이 된다.'라는 말이 있어요. 농도 짙은 이산화 탄소를 마시면 매우 위험해요.

하룻밤 사이에 고요만 남은 마을

아프리카의 카메룬에는 '니오스'라는 호수가 있어요. 화산의 분화구에 물이 고여 호수가 되었고, 그 밑에는 마그마가 있지요. 1986년 8월 어느 날 밤, 마치 거대한 물체가 추락하듯 덜컹거리고 깨지는 소리가 나더니 가스가 분출됐어요.

이튿날 아침, 마을은 쥐 죽은 듯 고요했어요. 당시 1,756명이 사망했고, 소 3,000여 마리를 포함해 염소, 양, 닭 등의 가축이 모두 죽었어요. 그 이유는 호수 바닥에 고여 있던 이산화 탄소가 어떤 이유로 호수 밖으로 나왔기 때문이에요.

이산화 탄소가 가득한 호수들

2001년부터 니오스 호수에 가스 배출 장치를 설치해서 매년 2,000만㎥의 이산화 탄소를 빼내고 있어요. 카메룬의 모노운 호수, 콩고 민주 공화국과 르완다 사이를 흐르는 키부 호수, 미국 캘리포니아주 매머드산 호스슈 호수에도 이산화 탄소가 갇혀 있지요.

모노운 호수에서는 1984년에 37명이 사망했어요. 말굽 모양을 닮은 호스슈 호수에서는 4명이 죽고, 호수 주변의 나무들은 말라 죽었지요. 다행스럽게도 아직 사망 사고가 발생하지 않은 키부 호수는 바닥으로 깊이 들어갈수록 이산화 탄소의 수치가 높아요. 만일 공기보다 무거운 이산화 탄소가 호수 밖으로 나오면 낮게 퍼져서 인간과 동물을 질식시킬 거예요.

유독 가스를 내뿜는 여신

모노운 호수와 니오스 호수에서 분출한 이산화 탄소로 많은 사람이 죽었지만, 당시에는 그것을 이산화 탄소 탓이라 여기지 않았어요. '마미 와타'라는 물의 정령을 화나게 한 탓이라고 믿었어요.

눈에 보이지 않는 가스에 신의 이름을 붙인 건 아프리카 사람들뿐만이 아니에요. 고대 로마인들은 나폴리 근처 포추올리에 있는 화산 분화구에 가스를 내뿜는 여신이 산다고 믿었어요. '메피테' 또는 '메피티스'라고 불렀지요. 메피티스는 '독기, 악취'를 의미하는데, 메피티스에서 생긴 영어 단어, 메피틱(mephitic)은 '해로운', '유독한', '악취가 나는'이라는 뜻이에요.

화산이 분출될 때 나오는 가스는 수증기, 이산화 탄소, 염소, 이산화 황, 황화 수소, 수소, 일산화 탄소, 염화 수소, 불소, 메탄 등이에요. 수증기를 제외한 이들 가스는 질식 사고를 일으킬 수 있어요.

트로포니오스가 숨은 곳

고대 그리스 사람들은 주요한 결정을 내릴 때마다 '신탁'을 받았어요. 그리스 여행가이자 지리학자인 파우사니아스는 《그리스 안내》를 썼는데, 이 책에 트로포니오스에 관한 이야기가 나와요.

트로포니오스는 동생 아가메데스와 함께 뛰어난 건축가였어요. 신탁으로 유명한 델포이에 신전을 세웠지요. 형제는 자신들이 세운 보이오티아 왕 히리에우스의 보물창고에서 도둑질했는데, 동생은 덫에 걸려 죽고 트로포니오스는 레바데이아의 동굴로 도망쳤지요. 이후, 보이오

티아에 심한 가뭄이 들자 사람들은 델포이의 신탁소를 찾았는데, 트로포니오스의 신탁소에 가서 물으라는 답을 들었어요. 하지만 그곳을 찾지 못했지요. 그러던 어느 날, 양치기 소년이 꿀을 얻으러 꿀벌을 따라 굴에 들어갔다가 트로포니오스를 만났어요. 트로포니오스는 소년에게 신탁을 내려 주었고, 이로써 마을의 가뭄이 해소되었어요.

그날 이후 이곳은 트로포니오스의 신탁소라고 불렸어요. 신탁을 받으러 가는 사람은 몸을 씻고 제물을 바치는 등 준비를 마치고 좁은 바위틈으로 들어가야 했어요. 마침내 신탁을 받고 나오면 비틀거리며 다른 사람이 된 것 같은 모습으로 무언가를 들었다고 중얼거렸어요.

신의 목소리를 듣게 하는 정체 모를 기체

그리스·로마 시대를 살았던 시인 플루타르코스는 한때 아폴로 신전의 제사장으로 일했어요. 제사장은 신에게 감사의 마음을 전하기 위한 의식을 행할 때 일을 맡아보던 사람이에요.

플루타르코스는 신탁과 관련한 기이한 현상을 글로 남겼어요. 영적인 김, 피어오르는 연기, 증기 등이었지요. 이것은 중독 증상 중 하나인 환각을 일으키는 이산화 탄소일 것으로 짐작돼요.

이산화 탄소에 중독되면 헛소리를 하고 몸에 경련을 일으키며 신체적으로 흥분 상태가 돼요. 또 어지럼을 느끼며 헛것을 보지요.

고대 사람들은 이 증상을 신에게서 해답을 들은 것으로 여긴 것 같아요.

인체에 해로운 가스 중 이산화 황과 황화 수소는 썩은 달걀 냄새가, 염소와 염화 수소는 자극적인 냄새가 나요. 불소는 특이한 냄새가 있고 황갈색을 띠어요. 좋지 않은 냄새가 나거나 갈색 연기가 피어오르는 곳이라면 더럽고 나쁜 기운이 솟는 곳이라 여기고 신탁을 받으러 가지 않았을 거예요.

반면, 이산화 탄소를 비롯한 메탄, 일산화 탄소 등은 냄새도 맛도 없어요. 메탄은 폭발성이 있고, 일산화 탄소는 흡입했을 때 구토 증상이 있는 대신 환각 증상은 없어요. 따라서 신탁을 받을 때 마셨던 기체는 이산화 탄소일 수 있어요.

네가 범인이구나!

거친 기운, 고정된 공기, 이산화 탄소

두렵기도 하고 신비롭기도 한 이 기체의 정체를 알아내기 위해 사람들은 실험했어요. 그리고 새로운 것을 알아낼 때마다 이름을 붙였답니다.

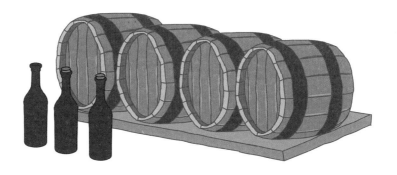

거친 기운

네덜란드의 의사이자 연금술사였던 반 헬몬트는 밀폐된 용기에 숯을 태우는 실험을 했어요. 62lb(파운드)의 숯을 달구면 1lb의 재가 남고, 나머지는 '거친 기운' 또는 '거친 김'이 된다고 했지요. 용기를 열어 두면 그 기운이 금방 날아간다고 해서, 그리스어의 '카오스'라는 말을 떠올려 '가스'라고 불렀답니다.

그는 포도주가 발효될 때도, 잘 흔든 샴페인 병에도 이 가스가 있는 것을 알았어요. 그리고 주변의 공기나 수증기와는 다른 특별한 것으로 여겼지요. 특히 사람이 이 가스를 마시면 생명에 영향을 미친다고 했어요.

어느 겨울, 반 헬몬트는 추위를 달래기 위해 불이 발갛게 피어오른 숯 조각을 구석에 놓아두었어요. 숯 냄새가 심하다며 하인이 숯을 치웠는데도 헬몬트가 몸을 일으키는 순간 그대로 쓰러지고 말았어요. 그는 한동안 이산화 탄소와 일산화 탄소 중독으로 어지럼증과 이명, 메스꺼움으로 고생해야 했어요.

고정된 공기

반 헬몬트의 실험을 하며 '거친 기운'을 연구하던 후대의 과학자들은 새로운 실험을 생각해 냈어요. 그중 영국의 한 학자가 이 기체는 폭발을 일으켜 참나무를 부서뜨릴 수 있다는 것을 알아냈어요. 그리고 참나무 안에 고정되어 있다가 나온 것이라고 여겼지요.

영국의 자연과학자인 요셉 블랙이 이 기체를 더 연구해 '고정된 공기'라고 했어요. 인간이 숨을 쉴 때도, 석회수에 포함되어 뿌옇게 되는 것도 이 기체와 관련이 있다는 것을 알아냈어요.

식물이 되살린 못 쓰게 된 공기

또 다른 영국의 화학자인 조지프 프리스틀리는 그가 살던 곳 주변에 양조장이 많아 고정된 공기에 관심이 있었어요. 맥주가 발효될 때 이 기체가 생긴다는 것을 알고는 이런저런 궁금증을 갖게 됐거든요. 그는 밀폐된 용기에 촛불을 피우면, 얼마 안 가 불이 꺼지는 것 그리고 그 안에 쥐를 넣으면 쥐가 숨을 쉬지 못해 죽는다는 것을 알았어요. 그는 이 실험으로 이 기체가 동물이 호흡하기에는 적당하지 않다고 여겼지요. 한마디로 '못 쓰게 된' 공기라고 했어요.

그는 또 다른 실험을 시작했어요. 못 쓰게 된 공기를 다시 좋은 공기로 만들 수 있을 것 같았거든요. 다른 사람들은 이 기체를 열려 보기도 하고 돼지 창자에 넣어 마사지해 보기도 했어요. 프리스틀리는 박하풀을 써 보기로 했어요. 못 쓰게 된 공기를 채운 용기에 박하풀을 넣어 두고는 물을 조금 주었지요. 며칠 후 그 안에 초를 넣고 다시 불을 피웠어요. 놀랍게도 촛불은 꺼지지 않고 잘 타올랐어요. 이후 그는 온갖 식물로 실험을 했어요. 그리고 모든 식물이 살아 있는 동안에는 못 쓰게 된 공기를 다시 살릴 수 있다는 걸 알게 됐어요.

못 쓰게 된 공기로군.

'이산화 탄소'라는 명칭

프랑스의 화학자 앙투안 로랑 드 라부아지에는 어떤 것이 불에 타는 것은 산소와 반응해서 결합하는 과정이라는 것을 알아낸 사람이에요. 그는 이전에 동료들과 함께 많은 화학 물질에 이름을 붙였어요. 조금은 위험하지만, 식물을 이용하면 되살릴 수 있는 이 기체는 '탄산'이라고 했어요. 이때는 기체와 액체를 구분하지 않았어요.

19세기에 스웨덴의 화학자 옌스 야코브 베르셀리우스는 화학식을 고안해 냈는데, 탄산은 C+2O 또는 CO_2라고 표시했어요. 라부아지에가 말한 대로 어떤 것이 불에 탈 때 산소와 반응해서 결합한 물질이라는 것을 알 수 있지요. 이 화학식에 따라 C는 탄소, O는 산소, 2는 원소의 개수를 뜻하므로 '이산화 탄소'라는 이름으로 불리게 되었답니다.

C는 탄소, O는 산소, 2는 원소의 개수로 '이산화 탄소'는 CO_2라 쓸 수 있어.

옌스 야코브 베르셀리우스

02 일상과 탄소

 이산화 탄소가 필요한 사람들

　아무리 이산화 탄소가 필요하다 해도 눈에 보이지 않는 기체를 어떻게 사용한다는 걸까요? 놀라지 마세요. 의외로 여러분 가까이에 있으니까요.

빵과 김치

무언가 연기를 내면서 불에 탈 때뿐 아니라 빵을 만들 때도 이산화 탄소가 만들어져요. 밀가루, 물, 약간의 소금, 이스트 또는 효모를 잘 뒤섞어서 한 시간 정도 두면 크게 부풀면서 발효돼요.

발효란, 산소가 없는 상태에서 미생물이 탄수화물을 분해해 에너지를 얻는 작용이에요. 효모는 원래 곰팡이로, 미생물이지요. 이스트는 효모를 사용하기 좋게 가공한 거예요. 효모가 밀가루 반죽 속에서 영양을 섭취하는 동안 이산화 탄소를 뿜어내요.

풍선에 가스를 넣으면 크게 부풀듯이 이산화 탄소도 밀가루 반죽을 부풀어 오르게 해요. 빵을 잘라 보면 크고 작은 구멍이 보이는데, 그것이 이산화 탄소가 있던 자리랍니다.

한국의 김치도 발효 과정에서 유산균이 생기고 이산화 탄소가 나와요. 양념에 잘 버무려진 배추는 시간이 지나면서 수분이 빠져나오는데, 이산화 탄소가 녹아 있어서 뽀글뽀글 거품이 생기고 신맛이 난답니다.

장미

장미는 사랑하는 사람에게 주는 선물로 잘 알려졌지요. 선물로 쓰이는 꽃들은 1년 내내 팔기 위해 온실에서 재배되는데 꽃들이 잘 자라도록 이산화 탄소를 거름 주듯이 준답니다. 식물이 잘 자라는 데 중요한 광합성은 햇빛과 이산화 탄소의 영향을 크게 받기 때문이에요. 꽃에 이산화 탄소를 주면 더 많은 꽃을 예쁘게 피울 수 있답니다.

가스난로를 피우거나 더는 사용하지 않는 정유 시설을 이용해 이산화 탄소를 주고 있는데, 최근에는 온실 환경에 맞게 뿌릴 수 있는 이산화 탄소 공급기가 개발됐어요.

또한, 팔기 위해 자른 꽃들을 포장한 상자에 이산화 탄소를 살충제와 섞어 증발시키면 진딧물 같은 벌레를 없앨 수 있어요. 판매지까지 가는 동안 벌레가 꽃을 상하게 하는 것을 막을 수 있지요. 이산화 탄소는 꽃이 더는 호흡하지 않도록 해서 상자 속에서 시드는 것을 막을 수도 있어요. 꽃뿐만 아니라 오이, 멜론, 가지, 토마토, 파프리카, 고추 등의 채소 재배에도 이산화 탄소를 활용해서 열매를 더 많이 수확하고 있어요.

탄산수

톡 쏘는 맛으로 맑고 시원한 느낌을 주는 탄산수는 이산화 탄소가 물에 녹은 거예요. 화산 지대나 천연 동굴 주변의 땅속을 흐르다가 솟는 천연 탄산수는 미네랄이 많이 포함되어 있어 건강에 좋아요.

석회석이 많이 섞인 유럽의 물은 맛이 텁텁하고 배앓이를 일으키곤 해요. 대신 탄산이 많이 든 물은 석회석이 적고 미생물에 잘 오염되지도 않아서 유럽 사람들이 즐겨 마신답니다. 한국에도 천연 탄산수가 나오는 곳이 여럿 있는데, 천안 승천사의 탄산수는 눈병을 앓던 세종대왕이 마시고 효험을 보았다고 해요.

우리가 사서 마시는 탄산수는 정수된 물에 탄산을 넣은 물이에요. 대개 정유 공장에서 나온 이산화 탄소가 첨가되어 있답니다.

식품 포장

치즈, 육류, 소시지 같은 식품은 산소와 닿으면 상하기 쉬워서 진공 포장을 해요. 이런 식품을 포장할 때는 비닐이나 용기 속에 있는 공기를 모두 제거한 후 산소, 이산화 탄소, 질소를 혼합한 특수 가스를 채워 넣어요. 그러면 미생물이 자라는 것을 막아 오랫동안 신선하게 유지할 수 있어요.

과일과 채소도 산소를 낮추고 이산화 탄소나 질소의 양을 늘려 포장하면 갓 딴 신선함을 오래 유지할 수 있어요.

소화기

불이 나면 서둘러 불을 꺼야 해요. 소방차가 올 때까지 가만히 있을 수만은 없죠. 이때 소화기가 필요해요. 소화기는 기름 화재, 전기 화재, 일반 화재 등 성질에 따라 종류가 다양한데, 이산화 탄소 소화기는 공기를 차단해 불을 끄므로 다용도로 써요. 밸브를 열면 이산화 탄소와 드라이아이스가 뿜어져 나와요. 이산화 탄소를 뿜는 거리가 1m 정도로 짧아서 불이 커지기 전에 사용해야 해요.

드라이아이스

액체 이산화 탄소를 작은 구멍으로 세차게 내보내면, 반은 증발하고 반은 눈처럼 나와요. 이 눈처럼 생긴 것을 뭉친 게 드라이아이스예요. 드라이아이스는 따뜻한 공기와 만나면 기체가 되는데, 그 과정에서 주변의 공기가 차갑게 식으면서 공기 속에 있던 습기가 안개처럼 내려요. 이런 특성 때문에 음악이나 연극 무대에 사용돼요. 냉동식품이나 아이스크림 등을 보관할 때도 쓰여요.

디카페인 음료

커피나 홍차, 초콜릿에는 카페인이 들어 있어요. 카페인은 식물이 해로운 벌레로부터 스스로를 지키기 위해 내뿜는 물질이에요.

사람이 먹으면 졸음이 줄어들고 피로감이 덜 느껴져요. 반면에 소변이 자주 마렵지요. 심장병이나 편두통 등에 약으로도 쓰여요. 하지만 많이 섭취하면 안절부절못하게 되고, 예민해지며, 잠을 못 이루고, 소화가 잘 안 될 수 있어요.

이산화 탄소에 적정한 압력과 온도를 주면 기체도 액체도 아닌 초임계 상태가 돼요. 초임계 상태의 이산화 탄소는 잎이나 향신료로부터 특정 성분을 빼내거나 원하지 않는 냄새를 없앨 수 있지요.

이런 방법으로 커피와 차 등에서 카페인을 대부분 제거해 디카페인 음료를 만들어 내요. 담배에서 중독성 있고 해로운 니코틴을 95%까지 제거할 수 있답니다.

위험을 감수하는 사람들

공기 중에 이산화 탄소는 0.04% 정도로 냄새도 맛도 없고 해롭지도 않아요. 하지만 좁고 닫힌 공간에 이산화 탄소가 가득 차면 중독 증상이 나타날 수 있어요.

곡물 저장 창고

곡물이란 사람에게 식량이 되는 쌀, 보리, 콩, 조, 기장, 수수, 밀, 옥수수 등으로 씨앗이기도 하지요.

추수철이 되면 많은 양의 곡물을 거둬 저장고에 보관하는데, 만일 곡물에 물기가 있으면 싹이 트고 이산화 탄소가 생겨요. 나중에 싹이 틀 때를 대비해 스스로 저장해 둔 영양소를 사용하면서 산소를 들이마시고 이산화 탄소를 내뿜기 때문이에요.

이때 곡물 저장고에 들어간다면 쓰러질 수 있어요. 이산화 탄소가 저장고 공기의 7%만 돼도 의식을 잃고 말지요. 이산화 탄소는 공기보다 무거워서 바닥에 짙게 깔리므로 쓰러지면 목숨을 잃을 수 있어요.

양조업

　어른들이 마시는 맥주는 보리나 밀을 발효시킨 것이고, 포도주는 포도를 발효시킨 거예요. 효모가 곡물이나 포도의 당분을 먹는 과정에서 알코올과 이산화 탄소가 생겨요. 발효는 일정한 온도를 유지하는 게 중요하므로 맥주나 포도주를 지하나 동굴에 보관하기도 해요. 이런 곳은 환기가 되지 않아 발효할 때 만들어진 이산화 탄소가 고여 있으므로 위험을 방지하기 위해 곳곳에 이산화 탄소 경고 표지판을 걸어 둔답니다.

맨홀

길을 가다 보면 무거운 철로 된 뚜껑이 덮여 있는 것을 볼 수 있어요. 바로 맨홀 뚜껑이지요. 맨홀은 땅속에 묻은 수도관이나 하수관, 전기 장치를 연결한 선 등을 검사하거나 수리, 청소하기 위해 사람이 드나들도록 만든 구멍이에요.

만화 영화 속에서는 사람이 맨홀에 빠져도 조금도 다치지 않고 벌떡 일어나곤 하는데, 실제로는 매우 위험해요. 맨홀 구멍이 2~3m로 깊은 데다 구멍에 설치된 간이 사다리에 부딪혀 크게 다칠 수 있어요. 그리고 유독 가스에 중독되어 죽음에 이를 수 있지요.

이따금 맨홀에서 일하는 사람들이 가스에 중독되어 다치고 죽는 일이 생기곤 해요. 맨홀 안에는 미생물이나 유기물이 그 수를 늘려 가면서 산소를 마시고 황화 수소, 이산화 탄소, 암모니아 등을 내뿜어요.

맨홀은 맑은 공기가 드나들지 못하는 공간이므로 가스가 가득 차 있을 때 들어가면 아주 위험해요. 우리가 사용한 물을 처리하는 하수 처리장, 물을 많이 사용하는 공장이나 건물에 설치된 폐수 처리장 등에서도 점검이나 수리를 하다 사고가 나는 경우가 많아요.

자연에 녹아든 이산화 탄소

지구는 생명체의 생존을 위해 이산화 탄소를 뿜어내요. 이산화 탄소는 자연에 영향을 미쳐 지구의 모습을 조금씩 바꿔 놓고 있지요.

이산화 탄소 함유량

능철석, 탄산 망간, 능아연석, 대리석, 석회석 등의 광물 :
3,000만~1억GT(기가톤)

바다와 산호, 달팽이, 조개 : 4만GT(기가톤)

숲, 덤불, 풀, 동물과 인간 :
560~650GT(기가톤)

광합성 : 매년 60GT(기가톤)

땅속에 저장된 석탄·석유·천연가스 : 3,000GT(기가톤)

화산

지구는 마치 살아 있는 생명체처럼 꿈틀거려요. 지구의 바깥쪽을 '지각'이라고 하는데, 지각은 조각난 몇 개의 판으로 되어 있어요. 이 판들은 지각과 지구의 핵 사이에 있는 맨틀의 움직임에 따라 새로 생기거나 사라지거나 서로 충돌하거나 미끄러진대요. 이를 '판구조론'이라고 해요. 이렇게 지각이 변화함에 따라 지진과 화산 활동이 일어나요.

화산이 폭발하면 먼지, 마그마 그리고 이산화 탄소를 비롯한 화산 가스가 뿜어져 나와요. 이산화 탄소를 품은 암석이 분수처럼 솟아오르기도 하지요.

화산 폭발이 아니어도 화산 지대의 뜨거운 마그마를 품은 땅이 갈라지면서 이산화 탄소가 나오기도 해요. 2021년 11월 이탈리아의 화산섬에서는 화산이 폭발하지 않았는데도 8t이었던 이산화 탄소 농도가 하루 만에 480t까지 높아졌어요. 그만큼 화산과 화산 주변은 이산화 탄소를 많이 배출하는 장소랍니다.

화산에서 이산화 탄소가 많이 나와!

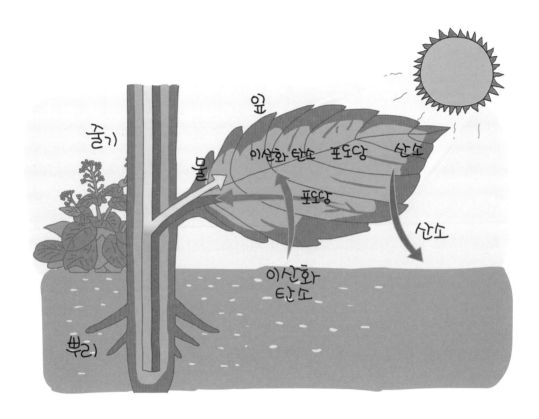

광합성

식물의 씨앗이 싹을 틔워 잎이 생기면 그때부터 햇빛과 물로 광합성을 해요. 잎의 엽록체로 받아들인 햇빛과 뿌리로 빨아들인 물을 이용해 광합성에 필요한 에너지를 만들지요. 이 에너지는 잎에 있는 기공으로 흡수한 이산화 탄소와 작용해 포도당과 산소가 돼요. 포도당은 잎, 줄기, 뿌리 등으로 가서 식물을 쑥쑥 자라게 해요. 산소는 기공을 통해 공기 중으로 빠져나가요.

광합성 작용은 30~40℃일 때 활발하게 일어나요. 그래서 햇살이 내리쬐는 여름에 식물들이 울창하게 자란답니다.

동굴

동굴은 자연적으로 땅속에 만들어진, 사람이 들어갈 수 있는 크기의 공간이에요. 화산의 용암이 빠져나가거나 바람이나 파도, 강물에 깎여서 동굴이 만들어져요. 빙하가 녹은 물이 동굴을 만들기도 해요.

석회암이 많은 지역에서는 이산화 탄소가 녹아 있는 지하수가 오랜 세월 흐르면서 석회암을 녹여 동굴을 만들어요. 미국 켄터키주의 매머드 동굴은 세계에서 가장 큰 석회암 동굴이지요. 한국에서는 울진의 성류굴, 단양의 고수동굴, 삼척의 초당굴, 영월의 고씨동굴이 유명해요.

석회암 동굴에는 고드름 모양의 '종유석', 죽순처럼 자라는 '석순', 종유석과 석순이 만나 기둥이 된 '석주' 등이 어우러져 매우 아름답고 독특한 풍경이 펼쳐져요.

대리석과 석회석

그리스나 이탈리아 곳곳에는 대리석으로 만든 건물과 조각품이 많아요. 대리석의 주요 성분은 탄산 칼슘이에요. 지구가 처음 탄생했을 땐 대기 속에 있던 이산화 탄소의 양이 지금보다 훨씬 많았는데, 시간이 흐르면서 지구 곳곳에 숨어들었답니다. 그중 하나가 '탄산 칼슘'이지요.

원시 지구에 비가 내리면서 이산화 탄소가 물에 녹아들었고, 그것이 칼슘과 결합하면서 물에 거의 녹지 않는 탄산 칼슘이 만들어졌어요. 이것이 오랜 시간 높은 온도와 센 압력을 받아 대리암이 되었답니다.

석회석은 탄산 칼슘이 쌓여 단단하게 굳어진 돌로 시멘트, 석회, 비료 등의 원료로 쓰여요.

생명체와 탄산 칼슘

4억 5,000만 년 전부터 수많은 바다 생물과 함께 살아온 산호는 단단한 골격을 가지고 있는데, 주로 탄산 칼슘으로 이루어져 있지요. 조개, 달팽이, 달걀 껍데기 그리고 보석의 하나인 진주도 탄산 칼슘으로 되어 있어요.

산호, 조개 등 바다에 사는 생물의 껍데기가 겹겹이 바닥에 쌓여 석회암이 되기도 해요. 또 가로 1m, 세로 1m의 공간에 모여 사는 산호는 매년 1,500~3,700g의 이산화 탄소를 흡수해요. 이는 같은 면적의 열대 우림이 흡수하는 이산화 탄소의 양과 비슷하지요.

산호의 분비물이나 산호가 죽어서 생긴 탄산 칼슘이 쌓이면 바위 같은 암초가 만들어지는데, 이를 '산호초'라고 해요. 산호초에는 수많은 바다 생물이 살아가는데, 예쁜 물고기가 많아서 관광지로 인기가 많아요.

사고파는 이산화 탄소

지구 온난화를 일으키는 이산화 탄소를 사고판다고 하면 누가 믿을 까요? 이산화 탄소는 아주 쓸모가 많아서 돈을 주고 사서 쓰기도 해요.

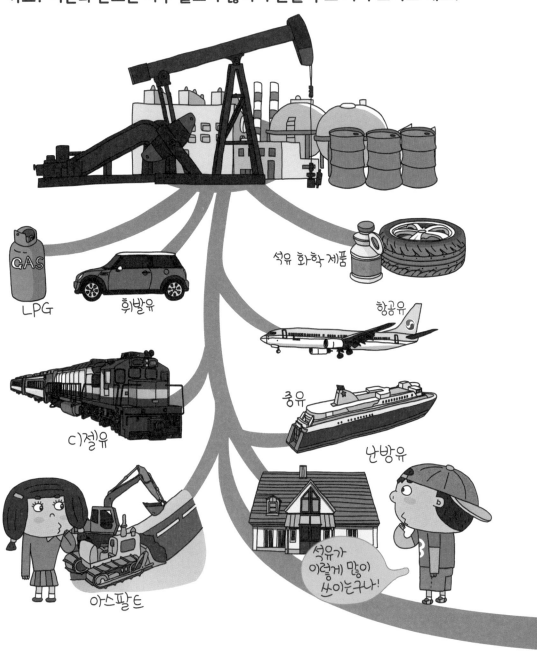

LPG

휘발유

석유 화학 제품

항공유

디젤유

중유

난방유

아스팔트

석유가 이렇게 많이 쓰이는구나!

석유에서 이산화 탄소 얻기

땅속이나 바다 깊은 곳에서 뽑아낸 석유를 '원유'라고 하고, 원유에 섞인 불순물을 없애는 것을 '정제'라고 해요. 정제 공장에서는 원유로 각종 석유 제품을 만들어요. 흔히 '석유' 하면 휘발유를 떠올리지만, 석유 제품은 정제 순서와 방법에 따라 수백 가지 제품이 있어요.

원유는 탄소와 수소의 화합물인 탄화 수소인데, 여기에 황과 질소, 산소 등의 화합물도 조금 포함되어 있어요. 탄화 수소는 탄소 원자와 수소 원자가 몇 개인지, 어떻게 연결되는지에 따라 성질이 달라져요. 이렇게 각기 다른 탄화 수소들은 끓는점도 다른데, 이런 차이를 이용해서 휘발유, 나프타, 등유, 경유, 중유, 아스팔트, 윤활유, LPG 등을 생산해요.

이산화 탄소도 원유를 정제하는 과정에서 얻어요. 원유를 가열해 증발하는 물질을 차갑게 해서 액체로 만든 후 남아 있는 무거운 탄화 수소를 분해하면 거의 100%에 가까운 순수한 이산화 탄소를 얻을 수 있어요.

상업적 용도

1950년대만 해도 이산화 탄소를 사고판다는 건 생각도 할 수 없었어요. 기체인 이산화 탄소를 옮길 방법을 찾지 못했기 때문이죠. 하지만 이산화 탄소에 압력을 가해 액체 상태로 만들어 금속 병에 담을 수 있게 되면서 이산화 탄소를 상업적으로 이용할 수 있게 됐어요.

이산화 탄소는 고체, 액체, 기체 그리고 기체도 액체도 아닌 초임계 상태 등 여러 가지 방법으로 활용할 수 있어요. 일반적인 상황에서는 색도 냄새도 없는 안전한 기체이므로 특별한 조치 없이도 사용할 수 있어요.

비료 | 땅에 뿌리는 알갱이 형태의 비료가 아니에요. 식물은 잎의 기공으로 이산화 탄소를 흡수하지요. 따라서 잎이 흡수하도록 기체 상태로 이산화 탄소를 뿌려요.

온실에서 키우는 꽃이나 채소 등은 겨울철에는 난방을 해서 온도를 높여요. 실내 온도를 유지하기 위해 환기를 하지 않으므로 식물이 광합성을 하면서 온실 속 이산화 탄소를 다 써 버리면 잘 자라지 않게 돼요. 그래서 이산화 탄소를 비료처럼 주어야 해요.

하지만 이산화 탄소의 양이 너무 많으면 잎의 기공이 닫혀서 물이 빠져나가지 못해요. 식물의 체온이 올라서 잎이 타는 증상이 나타나 상품으로 팔 수 없게 되지요. 이를 방지하기 위해 대규모 원예 시설이나 농장에서는 액화 이산화 탄소를 이용한 이산화 탄소 시비기를 설치해요. 일일이 난로를 켜고 끌 필요가 없고 자동으로 이산화 탄소의 양이 조절되기 때문에 식물을 재배하는 데 편리하지요.

탄산음료 | 콜라, 사이다, 알코올음료 등 톡 쏘는 느낌이 나는 음료수에는 이산화 탄소가 들어 있어요. 식료품에 넣는 것이므로 몸에 해롭거나 맛을 해칠 수 있는 다른 게 들어 있으면 안 되겠지요? 그래서 99.5% 이상 순수한 이산화 탄소를 사용해요. 한국만 해도 2018년에 생산된 탄산음료는 186만t으로, 돈으로 따지면 1조 2,325억 원어치나 돼요. 이렇게 많은 음료수에 탄산을 넣으려면 천연에서 이산화 탄소를 얻는 것만으로 충분하지 않아요. 따라서 석유 정제 공장에서 생산되는 이산화 탄소를 음료에 넣어 톡 쏘는 상큼함을 만들어 낸답니다.

폐수 처리 | 생활에 필요한 물건을 만들어 내는 공장에서는 유독한 물질이 섞인 물을 배출해요. 이런 폐수를 그대로 버리면 강이 오염되어 강에 사는 생물이 죽어요. 오염된 강물이 땅에 흡수되면 농작물에

피해를 주지요. 강물 속 미생물들의 활동을 방해해 강물에서 악취가 나기도 해요. 따라서 폐수를 배출할 때는 적절한 처리를 해야 해요.

건강한 물은 산성과 알칼리성이 균형을 이루는데, 가죽이나 천에 색을 입히는 공장에서 나오는 폐수는 알칼리성을 띠어요. 이 알칼리성 폐수를 중화하기 위해서는 산성 성분이 필요해요. 이때 산성인 이산화 탄소를 이용할 수 있어요.

아직은 금속을 녹일 정도로 강한 산성인 황산이나 염산을 사용해요. 황산과 염산을 잘못 다루면 입, 목구멍, 식도 점막에 통증을 일으킬 수 있어요. 피부에 닿으면 심한 화상을 입지요. 이산화 탄소는 독성이 없고 어떠한 것도 녹이지 않으므로 안전하게 폐수를 처리할 수 있어요. 그러나 많은 양의 이산화 탄소가 공기 중으로 빠져나가는 문제가 있어요. 다행히 이 문제를 해결할 기술이 개발되어 적은 양의 이산화 탄소로 폐수를 처리할 수 있게 됐어요.

용접 | 다리나 차, 기계 등을 만들 때는 용접 기술이 필요해요. 용접은 두 개의 금속·유리·플라스틱 등을 여러 가지 방법으로 녹여 서로 이어 붙이는 일이에요. 아크 용접, 가스 용접, 저항 용접, 특수 용접 등이 있지요.

전기 장치를 이용해 용접할 부분과 용접봉 사이에 5,000℃ 정도의 불꽃을 일으키면 용접봉이 녹아 금속 재료에 붙어요. 이를 '아크 용접'이라고 해요. 용접할 때 사방으로 튀는 밝은 전기 불꽃이 '아크'이지요. 아크 용접 중에 금속이 녹을 때 공기 속에 있던 산소, 질소, 수소가 닿으면 연결 부위가 녹이 슬어 망가질 수 있어요. 이때 이산화 탄소를 쓰면 이산화 탄소가 아크열을 감싸서 공기가 닿지 않아요. 또 녹은 금속이 완전히 식어 단단히 연결될 때까지 이산화 탄소가 용접 이음매에 남아 공기가 닿지 않게 해요.

기계 세척 | 공장에서 사용하는 기계들은 엄청 복잡하고 크기도 커요. 이런 기계들을 잘 관리하기 위해 세척하는데, 그 세제로 드라이아이스를 사용해요. 드라이아이스를 소리의 속도인 음속만큼 빠르게 기계에 뿌리면 오염 물질을 제거할 수 있어요. 먼저 드라이아이스가 기계의 표면에 닿으면서 오염 물질을 두드리고, 순간적으로 주변이 아주 차갑게 식으면서 오염 물질이 떨어져 나가요.

이산화 탄소로 청소를 하면 기계가 손상되지 않아요. 해로운 세제 성분이 나오지 않아 환경을 오염시키지도 않지요. 이런 장점으로 자동차 산업, 철강 산업, 인쇄업 등에서도 이산화 탄소를 이용하려고 해요.

친환경 세탁소 | 2007년 독일에 '프레트 버틀러'라는 세탁소가 생겼어요. 특이하게도 이 세탁소는 액체 이산화 탄소를 이용해 때를 없애요. 빨래를 세탁기 안에 넣고 공기를 빼내 진공으로 만든 후, 가스 상태의 이산화 탄소를 넣어 적정 압력과 온도를 맞춰요. 그런 다음 액체 이산화 탄소를 넣어 빨래에 스며들게 하면 때가 빠져요.

이산화 탄소로 세탁하면 옷이 망가지지 않고 색깔은 더욱 선명해져요. 빨래가 끝나면 이산화 탄소를 다시 액체로 만들어 저장 탱크로 퍼내므로 계속 세탁에 이용할 수 있어요.

03 지구 온난화를 부추기는 이산화 탄소

 ## 이산화 탄소를 배출하는 주원인

이산화 탄소가 만들어 내는 온실 효과는 지구의 보호막처럼 작용해 생명체가 생명을 유지하게 해요. 하지만 인간이 이산화 탄소를 보탠 탓에 지구가 혼란에 빠지고 있어요.

200년 전과 200년 후

100만 년 전 불을 사용하면서부터 인간은 이산화 탄소를 만들어 냈어요. 1만 년 전부터는 농사를 짓기 시작하면서 숲을 밭으로 일구어 곡식을 심고 길렀지요. 사람들이 이산화 탄소를 만들어 내기는 했지만 대기 중의 이산화 탄소 농도에는 별 영향을 미치지 않았어요. 농사를 짓느라 숲이 사라지기는 했지만, 농작물이 광합성을 하면서 이산화 탄소를 흡수했기 때문이죠.

영국에서 시작된 산업 혁명 이후로 온갖 기계가 발명되고 기술이 발달하면서 엄청난 양의 물건을 생산하게 됐어요. 살기 좋아지면서 인구가 폭발적으로 늘고 도시도 커졌어요.

그 결과 땅속과 바닷속 깊이 쌓여 있던 화석 연료를 써야 할 정도로 에너지가 많이 필요해졌어요. 200년이라는 짧은 시간에 인간들이 탄소 자원을 닥치는 대로 쓰는 동안 이산화 탄소는 마구잡이로 쏟아져 나왔어요. 온실 효과는 심해졌고, 우리는 '기후 변화'라는 걱정거리를 안게 됐어요.

인간이 만들어 내는 이산화 탄소

산업과 기술이 발전하면서 탄소를 품은 석탄, 석유, 천연가스 같은 화석 연료가 이산화 탄소와 물, 엄청난 열로 바뀌었어요. 우리는 이 중에서 열을 이용하는데, 그때마다 이산화 탄소를 배출하게 돼요.

전기 | 전기는 이산화 탄소를 발생시키지 않지만, 전기를 만드는 발전소에서 이산화 탄소가 만들어져요. 발전소에서는 물·기름·석탄·천연가스·지열·바람·핵연료 등의 에너지원을 이용해 전기를 생산해요. 자연에서 얻을 수 있는 물, 바람, 지열과 우라늄·플루토늄 등의 핵연료는 이산화 탄소를 발생시키지 않아요. 하지만 생물이 오랜 시간 땅속에 묻혀서 만들어진 석탄, 석유, 천연가스는 이산화 탄소를 발생시켜요.

한국이 전기를 생산하는 에너지원을 살펴보면, 2020년에 석탄 35.6%, 원자력 29%, 천연가스 26.4%, 신재생에너지 6.6% 기타 0.4%였어요.

독일은 2016년에 석탄 43%, 원자력 14.7%, 천연가스 8.3%, 풍력 14.3%, 바이오매스 9%, 태양열 6.8%, 수력 3.8%였어요. 독일은 햇빛·물·생물 유기체·연료 전지·수소 에너지 등의 신재생 에너지의 비율이 33.9%로 한국보다 월등히 높지만, 한국과 마찬가지로 전기를 생산하는 데 석탄을 가장 많이 사용하고 있어요.

이산화 탄소를 발생시키는 에너지원인 석탄과 천연가스를 놓고 보면 한국과 독일 모두 50%가 넘어요.

난방과 온수 | 겨울이 되면 집 안을 따뜻하게 해야 하지요. 우리는 가정에서 도시가스를 써요. 석탄,

코크스, 나프타, 원유, 중유, 천연가스, LPG 등에서 얻은 가스를 혼합한 것이지요. 도시가스가 들어오지 않는 지역에서는 기름이나 LPG 가스 등으로 난방을 해요.

도시가스의 원료도 화석 연료예요. 이산화 탄소를 배출하지요. 2006년에 독일의 한 학자가 정리한 바에 따르면, 난방과 온수를 위해 1인당 평균 8,000kWh(킬로와트시)를 사용하고, 1인당 이산화 탄소 배출량은 1년에 1.8t 정도 된다고 해요. 기름보일러는 이보다 30%가량 더 많이 배출한다고 해요.

교통수단 | 전기차가 늘고 있지만, 대부분의 교통수단이 이산화 탄소를 배출해요. 1㎞의 거리를 갈 때마다 고속 열차는 50g, 버스는 58g, 지하철은 60g, 오토바이는 145g, 자동차는 208g의 이산화 탄소를 배출하지요. 한국의 서울에서 대전까지의 거리는 170㎞이에요. 자동차를 타고 이동하면 두 시간 동안 350㎏이 넘는 이산화 탄소를 배출해요. 자가용은 한 해 동안 약 15,000km를 달리는데, 이산화 탄소 배출량은 3t 가까이 돼요. 한국에 등록된 자동차 수는 2020년에 2,400만 대를 넘겼고, 전 세계에 등록된 자동차 수는 15억 대가 넘어요. 이 많은 차가 매년 이산화 탄소를 3t씩 배출한다고 생각해 보세요. 정말 어마어마하지요?

비행기 | 비행기는 거리, 비행기 기종, 승객 수에 따라 이산화 탄소 배출량이 달라져요. 노선에 따라서는 매우 먼 거리를 가기 때문에 그 배출량이 만만치 않지요.

비행기를 타고 한국 인천에서 그리스 아테네를 오고 갈 때 1인당 평균 1,260kg의 이산화 탄소를 배출해요. 중간에서 다른 비행기로 갈아타지 않고 곧장 가는, 세계에서 가장 긴 노선은 싱가포르의 창이 공항에서 뉴욕 JFK 공항으로 가는 싱가포르항공이에요. 18시간 40분이 걸려요. 이산화 탄소를 1인당 1,338kg이나 배출해요. 이런 장거리를 가는 비행기는 250~300명을 태워요. 전 세계 항공사들이 운행하고 있는 항공기의 수는 31,000대가 넘는답니다.

사람이 숨 쉬며 뿜어내는 이산화 탄소의 양

사람은 산소를 포함한 공기를 들이마시고 이산화 탄소를 내뿜어요. 어른은 1분에 12~15번 숨을 쉬는데, 매번 500㎖의 공기를 들이마셔요. 1분에 숨을 13번 쉰다고 하면 6.5ℓ의 공기를 들이마시게 돼요. 공기 중에 이산화 탄소는 0.04%가 들어 있고, 사람이 내쉬는 숨에는 약 4%의 이산화 탄소가 들어 있어요. 사람은 음식 속의 탄소를 에너지로 쓰고 매일 약 700g, 1년으로 치면 260kg의 이산화 탄소를 생산해요.

우리가 내쉬는 이산화 탄소는 환기가 잘되는 공간에서는 공기 중으로 날아가요. 하지만 닫힌 공간에서는 이산화 탄소의 농도가 높아지지요. 공기 중에 있던 0.04%의 이산화 탄소가 숨을 내뱉으면서 4%가 되므로 100배나 증가해요. 수업 중에 하품이 나

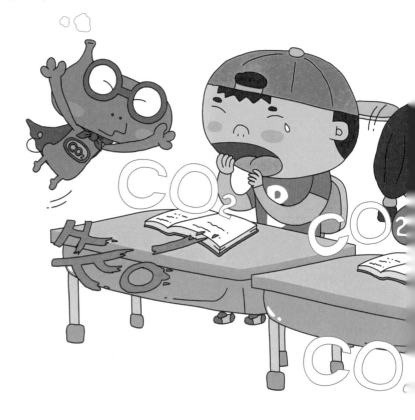

70

는 건 지루하기 때문이기도 하지만, 친구들과 함께 내뿜은 이산화 탄소 때문일 수도 있어요.

탄소 중립

아주 오래전에는 사람과 자연이 내뿜은 이산화 탄소를 자연이 흡수해서 이산화 탄소 농도가 잘 유지됐어요. 지금은 자연이 흡수하는 것보다 인간이 만들어 내는 게 더 많아요.

탄소 중립과 탄소 발자국

이산화 탄소를 배출한 만큼 이산화 탄소를 흡수하는 대책을 세워 '이산화 탄소 배출량=0'으로 만드는 것을 '탄소 중립'이라고 해요. 우리가 일어나서 씻고, 밥 먹고, 학교에 가고, 집에 와서 컴퓨터를 하거나 텔레비전을 보는 등의 모든 활동에서 이산화 탄소가 발생해요. 따라서 이산화 탄소 배출량을 0으로 만들려면 우리가 얼마나 이산화 탄소를 배출하는지 쉽게 알 수 있어야 하지요.

우리가 상품을 만들고 쓰고 버리는 과정에서 나오는 이산화 탄소의 양을 계산하는 것을 '탄소 발자국'이라고 해요. 직접 또는 간접적으로 쓰인 연료, 전기, 용품 등이 모두 포함되지요. 한국에서는 '환경성적표지'라고 하는데, 2009년 4월 15일부터 상품에 이 표지를 붙이기 시작했어요.

탄소 발자국의 계산

탄소 발자국 계산기 사이트(www.kcen.kr/tanso/intro.green)를 이용하면 쉽게 알 수 있어요. 전기, 가스, 수도, 교통으로 구분해서 요금과 사용량, 연료, 이동 거리 등을 입력하면 이산화 탄소 발생량과 그 이산화 탄소를 없애는 데 필요한 소나무의 수를 알려 줘요. 전기를 10,000원어치 쓰면 이산화 탄소 발생량은 59.2kg이고, 이것을 0으로 만들려면 소나무 9그루가 필요하다고 나와요.

이런 수치는 어디까지나 대략적인 거예요. 초콜릿을 예로 들면, 카카오나무가 자랄 때 이산화 탄소를 흡수해요. 여기까지는 꽤 정확하게 계산할 수 있어요. 다음부터는 조금 골치가 아플 거예요.

카카오 농장은 열대 우림에 불을 질러 파괴한 숲에 만든 것일 수 있어요. 카카오 농장에서 일하는 사람들은 농장까지 자전거를 타고 갈까요, 걸어서 갈까요, 버스를 타고 갈까요? 버스 연료는 천연가스를 쓸까요? 경유를 쓸까요? 카카오는 무엇으로 실어 나르고 그 연료는 무엇일까요?

이처럼 카카오 열매가 여러분에게 초콜릿이 되어 도착할 때까지의 탄소 발자국을 계산하려면 매우 복잡하답니다.

이산화 탄소의 흡수

오래전부터 한국에서는 소나무를 매우 아껴 왔어요. 그래서인지 탄소 발자국 계산기도 소나무로 표시해요. 나무는 물과 목재의 성분인 셀룰로스로 되어 있고, 셀룰로스에 탄소가 포함되어 있어요. 그래서 나무의 무게를 알면 나무가 이산화 탄소를 얼마나 흡수하는지 알 수 있지요. 30년 정도 자란 소나무 한 그루는 연간 약 6.6kg의 이산화 탄소를 흡수한다고 해요.

살아 있는 너도밤나무 1kg은 대기 중의 이산화 탄소 0.8kg을 흡수하고 산소 0.6g을 뿜어낸대요. 이러한 계산에 따라 너도밤나무 200그루는 1년에 11t의 이산화 탄소를 흡수해요. 이 양은 2021년 한국(11.3t)과 러시아(11.4t)의 1인당 이산화 탄소 배출량과 거의 비슷해요.

나를 좋아하는 나무들로 가득하네)!

또, 나무마다 이산화 탄소 흡수율이 조금씩 다른데, 1ha(헥타르)의 면적에 소나무를 심으면 9.7t, 상수리나무를 심으면 16.5t, 벚나무를 심으면 9.5t의 이산화 탄소를 흡수한대요.

반면, 대나무는 연간 33.5t의 이산화 탄소를 흡수해요. 다른 나무보다 2~4배 더 많이 이산화 탄소를 흡수하지요. 대나무는 면역력을 높이고 몸과 마음을 건강하게 해 주는 피톤치드도 많이 뿜어낸다고 하니 곳곳에 심으면 좋겠어요.

어서 와, 내가 너를 사람들이 좋아하는 산소로 바꿔 줄게.

균형을 잃은 이산화 탄소의 순환

자연은 오래전부터 땅속, 물속, 숲속에 이산화 탄소를 품어 왔어요. 그리고 40억~1억 1,000만 년 전에 광합성을 했던 식물과 먹이 사슬로 이어진 것들이 석탄, 석유, 천연가스가 되어 이산화 탄소를 보관해 왔지요. 이러한 자연의 끊임없는 노력 덕분에 사람이 만들어 내는 이산화 탄소와 자연이 흡수하는 이산화 탄소 사이에 적절한 균형이 이뤄졌어요.

하지만 사람들이 숲을 파괴하면서 그 균형이 깨지기 시작했어요. 농업을 주로 하는 국가들에서 면화, 사이잘삼, 목재용 나무, 커피, 팜유, 사탕수수, 콩 같은 작물을 아주 넓은 땅에 한가득 심기 시작했기 때문이에요. 축구장 수십 개 또는 수백 개에 이르는 밭을 쉽게 일구기 위해 울창한 숲을 마구 파괴했어요. 이런 일은 지금도 일어나고 있어요.

브라질에서는 2020년 8월부터 2021년 7월까지 밭을 만들기 위해 아마존 열대 우림에 불을 질렀는데, 그 면적이 13,235㎢나 돼요. 아마존은 지구 산소의 5분의 1 이상을 만들어 내는 곳이에요. 한 해에만 서울시 면적(605.2㎢)의 20배가 넘는 숲이 사라진 거예요.

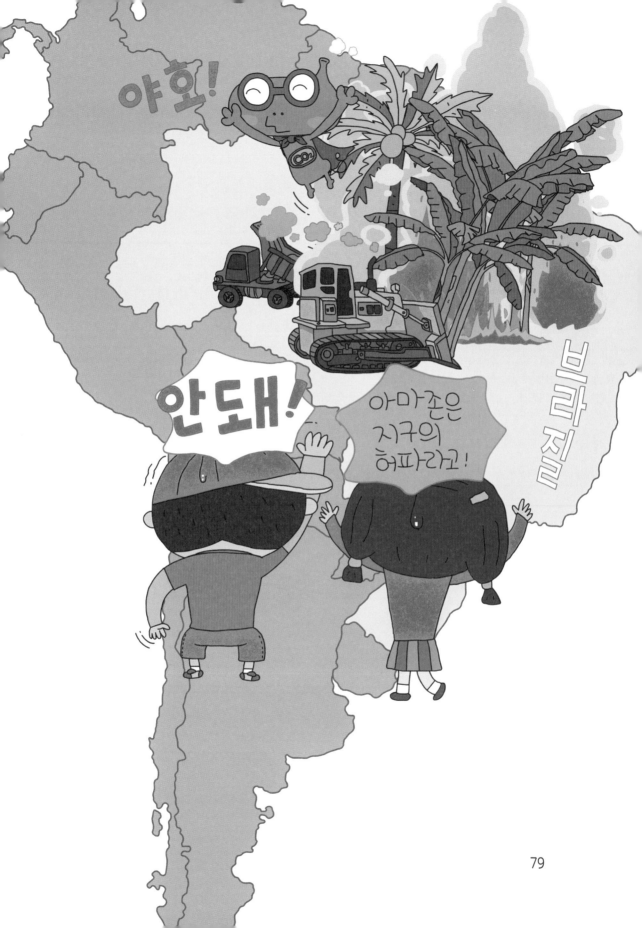

과거에 화석 연료를 펑펑 써 댈 때만 해도 몰랐을 거예요. 미래에는 이산화 탄소를 줄이기 위해 화석 연료를 더는 쓰지 말아야 한다는 걸요.

이산화 탄소를 배출하는 여러 가지 조건

인간이 살아가는 데 필요한 일을 하다 보면 이산화 탄소를 배출하게 돼요. 하지만 나라별로 생활 방식도, 특성도 달라요. 석유가 매장되어

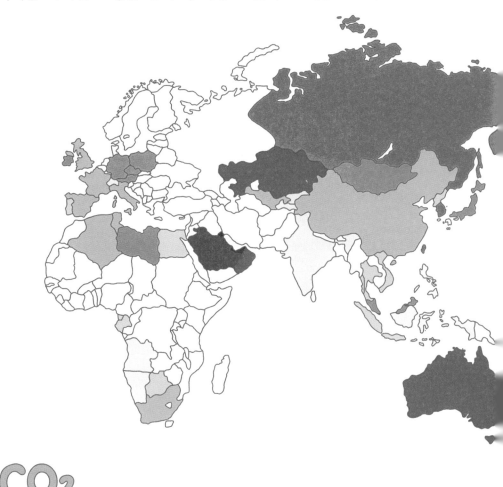

CO_2

0t	1t	2.5t	5t	7.5t	10

있는지, 수력 발전을 할 만큼 물이 많은지, 농사를 많이 짓는지, 핵 발전소를 지을 수 있는지, 계절은 어떤지, 수출 또는 수입을 많이 하는지 등 여러 조건에 따라 이산화 탄소 배출량이 다르답니다.

흔히 경제 개발 수준에 따라 국가들을 선진국, 개발 도상국, 신흥 공업국, 최빈국 등으로 구분해요. 공식적인 기준이 없어 조사하는 기관에 따라 제각각이고 조금 모호하지만 여기서는 편의상 이렇게 살펴볼게요.

5t   15t   17.5t   20t   25t   50t

선진국

선진국은 물건을 많이 소비하고 에너지도 많이 사용해요. 따라서 이산화 탄소 배출량이 많아요. 물건을 수없이 사서 쓰고 버리니 탄소 발자국도 많을 수밖에 없지요. 경제적으로 풍요로워 연료나 난방에 사용되는 에너지도 충분해요.

1인당 탄소 배출량 순위를 살펴보면 2위 캐나다(15.2t), 4위 미국(14.4t), 5위 호주 및 뉴질랜드(13.6t), 7위 대한민국(11.3t), 10위 일본(8.4t)으로 10위권 안에 이들 5개의 국가가 포함되어 있어요.

1인당 전력 사용량이 많은 나라를 살펴보면, 핀란드를 비롯한 덴마크, 노르웨이, 벨기에, 스웨덴, 스위스, 네덜란드, 프랑스, 독일, 일본 순서예요. 딱 봐도 생활 수준이 높다고 알려진 국가들이지요. 특히 핀란드, 덴마크, 노르웨이, 스웨덴 등은 겨울에 눈이 많이 오고 다른 나라보다 추워서 전력 소모가 많아요.

신흥 공업국

신흥 공업국은 경제 개발이 선진국보다 뒤처진 개발 도상국 중 공업화 정책으로 눈에 띄는 성장을 이루는 국가들을 가리키는 말이에요. 브라질, 러시아, 인도, 중국, 남아공, 인도네시아, 말레이시아, 태국, 필리핀, 베트남, 멕시코, 인도네시아, 나이지리아, 터키가 여기에 속해요.

이들 나라는 원료를 사람 또는 기계가 처리하는 가공을 통해 새로운 물자를 만드는 공업이 발달했어요. 사람을 부리는 데 드는 인건비, 물자를 운반하는 운송비 등이 저렴해서 전 세계 기업의 제품을 생산하는 공장이 많이 들어서 있어요. 그래서 산업용 에너지 사용량이 많아요.

최빈국

경제가 발달하기 어려운 나라들은 인프라가 부족한 경우가 많아요. '인프라'란 도로, 항만, 철도, 발전소, 통신 같은 산업에 필요한 시설이나 학교, 병원, 상·하수 처리 같은 생활 시설 등을 말해요.

도시 외에는 잘 닦인 도로가 없어 차가 지나가면 흙먼지가 날려요. 병원이나 학교는 턱없이 부족해 한참을 걸어 나가거나 차를 오래 타야만 갈 수 있어요. 발전소도 부족해서 도시에서조차 전기가 자주 끊기곤 해요.

이들 국가는 대개 농업이나 광산에서 광물을 캐는 일로 돈을 벌어요. 가난 때문에 어린이들도 돈벌이에 나서지요. 기술이 뛰어난 선진국에서는 이들 국가에서 캐낸 희귀한 광물을 싼값에 사서 전기차에 필요한 이차 전지 같은 값비싼 제품을 만들어요.

이산화 탄소 배출량을 줄이려는 노력에 담긴 불평등

이렇듯 각 국가가 처한 상황이 달라 이산화 탄소 배출량도 달라요. 하지만 이산화 탄소 배출량을 줄이려는 노력은 전 세계적으로 이뤄져야 하지요. 여기서 한 가지 생각해 봐야 할 게 있어요.

과거 선진국들이 화석 연료를 펑펑 써 가며 편리함과 풍요를 누렸을 때, 다른 나라들은 어땠을까요? 나무를 때서 불을 피우는 등 지구에 영향을 크게 끼치지 않는 선에서 이산화 탄소를 만들어 냈을 뿐이에요. 그런데 이제는 모두의 삶이 걸린 문제가 됐다며 이산화 탄소를 줄이는 데 다 같이 참여해야 한다고 해요. 이산화 탄소를 얼마나 줄일지 목표량을 정하게 하고는 그것을 달성하지 못할 때는 경제적으로 불이익을 준다고 해요.

신흥 공업국들은 막 발전하려고 하는 때에 선진국이 앞장서서 이산화 탄소를 줄여야 한다고 하니 불공평하다고 여겨요. 가난한 나라들은 신재생 에너지를 생산하기 위한 시설을 세우려면 돈이 많이 들어서 저렴하고 구하기 쉬운 화석 연료를 쓸 수밖에 없어요.

여러분 생각은 어떤가요? 어떻게 하면 모두가 만족할 수 있을까요?

이산화 탄소를 줄여야 하는 이유

기후 변화의 원인이 꼭 이산화 탄소만은 아니지만, 사람이 지구를 위해 할 수 있는 게 많지 않답니다.

우리가 할 수 있는 건 우리가 하기

뉴스를 보면 기후 변화를 일으키는 원인으로 이산화 탄소를 가리켜요. 많은 국제기구에서는 이산화 탄소를 줄이는 약속을 하자고 해요. 지구 온난화의 원인은 구름과 수증기의 양, 지표면의 변화, 태양의 영향도 있는데 말이에요. 이런 것들은 인간이 지구에 등장하기 전에도 영향을 주고 있었어요. 그런데도 이산화 탄소 농도는 지금처럼 높지 않았지요.

대기 중의 이산화 탄소 농도가 짙어지고 지구의 평균 기온이 오른 건 사람들이 산업과 기술을 발전시킨 이후에 일어난 일이에요. 온 지구를 떠도는 구름과 수증기, 지진과 화산 폭발 등으로 변화하는 지표면, 태양이 보내는 빛과 열은 사람이 어떻게 할 수 있는 게 아니지요. 하지만 우리가 만들어 낸 건, 우리가 해결할 수 있어요.

자연스러운 기후 변화

기후 변화란, 지구의 평균 기온이 변하는 현상이에요. 지금껏 지구는 여러 가지 원인으로 기온이 변했어요. 원시 지구는 아주 뜨거웠고, 7억 년 전과 3억 년 전에는 빙기였어요. 6억 5,000만 년 전에는 꽤 따뜻했고, 2억 5,000만 년 전부터는 빙하기가 시작됐지요.

'빙하기'란 지구의 기온이 내려가 빙하가 발달했던 시기이고, 이보다 더 추워 빙하가 훨씬 넓어진 시기를 '빙기'라고 해요. 빙하기라고 해서 항상 추웠던 건 아니에요. 따뜻했던 시기가 두세 번 있었어요.

빙기와 다음 빙기 사이에 있는 기간을 '간빙기'라고 해요. 지구의 기후가 지금과 비슷하거나 더 따뜻했다고 하지요. 빙하가 녹아 해수면이 상승하고, 동물과 식물이 날씨가 선선한 지역이나 높은 산으로 옮겨 가 살았대요.

10~14세기까지는 '중세 온난기'라고 해요. 당시에는 아이슬란드와 그린란드가 지금보다 따뜻해서 해적으로 온 유럽을 휘젓던 바이킹이 머물러 살았다고 해요. 이후 유럽에는 혹독한 추위가 자주 찾아왔어요. 농사가 어려워져 굶주리고 흑사병으로 죽는 사람이 많았어요. 그리고 1940년대부터 현재까지 온난한 시기가 이어져 오고 있어요.

예측하기 어려워진 기상 이변

지구가 춥고 따뜻하기를 반복한 것은 자연스러운 일이에요. 하지만 사람들이 이산화 탄소를 한꺼번에 많이 만들어 내기 시작하면서부터 지구의 날씨는 종잡을 수 없게 됐어요. 슈퍼컴퓨터로 예측한 일기 예보조차 자주 틀려서 사람들이 낭패를 보곤 해요. 심술궂은 날씨에 대해 전문가들마저 서로 다른 의견을 내놓아요.

1년 내내 여름 날씨인 중동과 사막에 눈이 내리는가 하면, 인도의 한여름 날씨는 아스팔트를 녹일 만큼 뜨거워졌어요. 또 몇 날 며칠 눈비가 내리는 데도 있고, 갑작스러운 폭우로 홍수가 일어나기도 해요.

지구의 대기와 날씨를 연구하는 학자들은 지구의 평균 기온이 올라서 이런 일이 일어났다고 해요. 여전히 자연스러운 현상으로 여기는 학자들도 있지요.

분명한 것은 19세기 초 이래로 화석 에너지 사용량이 1,000배나 늘면서 대기 중의 이산화 탄소가 아주 빠르게 증가했다는 거예요. 지구 밖으로 달아나려는 열을 붙잡는 이산화 탄소의 양이 많아졌으니 온실 효과가 더 심해지는 것은 당연하고, 지구의 평균 기온은 오를 수밖에 없어요. 결국, 이산화 탄소는 지구 온난화의 주범으로 눈총을 받게 됐어요.

작지만 무시할 수 없는 결과

화산의 분출로 생기는 이산화 탄소는 3,000만t 정도 돼요. 여기에 산불 같은 자연재해와 동식물이 호흡하면서 생기는 이산화 탄소를 포함하면 매년 2,000억t 정도를 자연이 내뿜고 있어요.

반면, 인간이 산업 활동을 하면서 만들어 내는 양은 약 100억t 정도예요. 자연이 내뿜는 것에 비하면 20분의 1로 적은 양이지만, 지구와 이산화 탄소 간의 균형을 깨뜨렸다는 건 대강 넘길 일은 아니랍니다. 왜냐하면 인간이 화석 연료를 쓰는 한 계속해서 이산화 탄소를 뿜어낼 수밖에 없기 때문이에요.

04 이산화 탄소 발생을 줄이는 개인과 사회의 노력

 기후 변화를 막기 위한 국제기구들

　기후 변화로 폭우, 폭풍, 폭설, 가뭄, 벼락, 우박 등의 기상 재해가 일어나 막심한 피해가 생겼어요. 사람들은 이 문제에 대처하기 위해 여러 기관을 만들었어요. 이들 기관은 지구 대기를 면밀하게 조사하기 위해 갖가지 프로그램을 운영하고 있답니다.

IPCC

세계기상기구(WMO)와 유엔환경계획(UNEP)이 1988년에 공동으로 만든 국제기구로, '기후 변화에 관한 정부 간 협의체'예요. 기상을 연구하거나 관측을 하는 게 아니라 인간 활동으로 기후 변화를 일으키는 위험을 평가해요. 특히 지구 온난화를 방지하는 데 중점을 두고 있어요. IPCC는 전 세계 과학자가 참여하는 평가 보고서와 특별한 주제에 대한 특별 보고서를 발간해요. 현재까지 총 여섯 건의 평가 보고서를 발간했어요.

APCC

'APEC 기후센터'예요. '아시아 태평양 경제협력체(APEC)' 회원국들의 합의로 2005년에 설립됐어요. 아시아·태평양 지역의 이상 기후를 감시하고 예측하는 역할을 해요.

WMO와 GAW

1950년에 세계기상기구(WMO)가 만들어졌어요. 기상과 관련한 국제 활동을 맡아보는 유엔의 전문 기구이지요. 국가 간에 기상 정보를 효과적으로 교환하고 나라마다 기상 조사를 할 것을 권장하지요.

지구 온난화에 따른 기후 변화, 오존층 파괴, 산성비 등 지구 환경 문제가 심각해지자 WMO에서는 지구 환경을 정확히 파악하고 과학적으로 그 원인을 알아내기 위해 1989년에 '지구대기감시'라는 프로그램을 시작했어요. 이것이 GAW예요.

캐나다, 일본, 노르웨이, 러시아, 미국, 독일에 세계 데이터 센터가 있으며, 현재까지 전 세계에 531개의 관측소가 운영되고 있어요. 한국에는 안면도, 고산, 울릉도·독도, 포항에 4개의 기후 변화 감시소가 있어요.

IOC

유네스코 조직 내에서 해양 과학을 담당하는 기구로, '정부간해양학

위원회'라고 해요. 전 세계 150개 회원국이 해양 및 해양 자원에 대해 과학적으로 조사하고 연구한 것을 한데 모아 바다의 건강을 보호하기 위해 협력하고 있답니다.

기후 변화 협약

정식 명칭은 '기후 변화에 관한 유엔 기본 협약(UNFCCC)'이에요. 1992년 6월, 유엔 환경 개발 회의에서 세계 192개국이 지구 온난화를 규제하고 방지하기로 약속한 국제 협약이지요.

많은 국가가 이산화 탄소를 배출하고 있고, 경제 개발이 필요한 국가들은 더 많이 배출할 수밖에 없어요. 따라서 생태계가 자연적으로 기후 변화에 적응하고, 식량 문제가 발생하지 않는 선까지 이산화 탄소를 조절해서 배출하자는 거예요.

기후 변화 협약은 국가별로 온실가스를 배출하는 데 까다로운 조건을 내세우거나 강제로 온실가스 배출량을 줄이도록 법으로 정한 건 아니에요. '의정서'를 통해 각기 책임을 지고 결정한 양만큼 배출하자고 한 것이지요.

2022년까지 198개 당사국이 참여하고 있어요. '당사국'이란 국제간의 분쟁이나 이런 협약 등에서 직접 관계가 있는 나라를 뜻해요. 한국은 1993년 12월에 47번째로 가입했어요.

기후 변화 협약이 제시하는 방법들

기후 변화 협약의 당사국들은 1995년 제1차를 시작으로, 수십 차례 회의를 열었어요. 당사국 회의는 서유럽·기타→아프리카→아시아·태평양→동유럽→남미·카리브해 순으로 다섯 개 대륙에서 돌아가며 열린답니다.

교토의정서 | 1997년 일본 교토에서 열린 세 번째 회의에서 온실가스 감축을 위한 의정서를 채택한 것을 말해요. 의정서란, 외교적인 회의에서 의논하고 결정한 사항을 기록한 것이에요.

이산화 탄소, 아산화 질소, 과불화 탄소, 메테인, 육불화황, 수소 불화 탄소의 여섯 가지 온실가스를 2차에 걸쳐 줄이기로 목표를 정했지요. 1차는 2008년부터 2012년까지, 2차는 2013년부터 2017년까지예요.

만일 1차에서 약속한 만큼 달성하지 못하면 해당 국가에 대한 비관세 장벽이 허용되도록 했어요. 여기에 더해 2차 시기인 2013년부터는 달성하지 못한 1차 목표치의 1.3배와 2차 목표까지 모두 줄이도록 했어요.

다른 나라로 물건을 수출하거나 수입할 때는 국경을 통과해야 하는데, 이때 '관세'라는 세금이 붙어요. 수입세, 수출세, 통과세가 있지요.

한국에서는 관세 중에서 수입세를 붙여요. 수입세를 붙이면 자기 나라 산업을 보호할 수 있어요. 수입품에 관세가 붙으면 가격이 올라가므로 사람들이 더 저렴한 국산품을 이용하게 되기 때문이죠.

비관세 장벽은 관세를 붙이지는 않지만, 수입할 수 있는 양을 미리 정해 두거나 수입 절차를 복잡하게 해서 덜 수입하게 하는 거예요. 교토의정서에서 정한 목표치만큼 여섯 가지 온실가스를 줄이지 못하는 나라는 비관세 장벽을 실시하는 나라에 수출을 많이 할 수 없어 그만큼 손해를 보게 된답니다.

파리 협정 | 2015년에는 프랑스 파리에서 21번째 회의가 열렸어요. 기한이 다 된 교토의정서를 대신해 2021년 1월부터 적용되는 새로운 기후 변화 협정을 채택하기 위해서였지요.

교토의정서에는 선진국만 온실가스를 감축할 의무가 있었고, 기한이 정해져 있었어요. 하지만 파리 협정에서는 참여하는 195개 국가 모두가 이산화 탄소를 전혀 배출하지 않을 때까지 온실가스 감축 목표를 지켜야 해요. 더 많은 국가가 참여하도록 온실가스 감축량을 각 국가가 자발적으로 정하게 했어요.

대신 온실가스 배출량을 최대한 빨리 줄여야 하고 21세기 후반에는 배출한 양만큼 흡수하도록 균형을 이뤄야 해요. 각 국가는 스스로 정한 목표치를 얼마나 달성했는지 5년마다 점검해야 해요.

2030년까지 미국은 26~28%, 유럽연합은 40%, 중국은 국내 총생산(GDP) 대비 60~65%, 한국은 2030년까지 배출하게 될 양의 37%를 줄이겠다고 했어요.

탄소세

이산화 탄소의 배출량을 줄이기 위해 석탄, 석유 같은 화석 에너지를 사용하는 양에 따라 부과하는 세금이에요. 지구 온난화를 방지하고 거둬들인 세금으로 온실가스 배출량을 줄이는 데 사용하고자 하지요.

1990년 핀란드에서 처음 도입했으며 네덜란드, 노르웨이, 스페인, 스웨덴, 덴마크 등에서 시행됐어요. 미국에서는 일부 주에서 도입하고 있고, 호주는 2012년에 도입했다가 2014년에 폐지했어요. 아직 많은 나라가 화석 연료에 의존하고 있고, 국민이 세금을 내는 것에 불만을 가질까 봐 탄소세 실시를 미루고 있어요.

지금처럼만 살기

국제 에너지 기구는 2005년에서 2030년까지 세계적으로 55%나 더 에너지를 사용하게 될 것이라고 해요. 이산화 탄소가 없는 풍력·수력·태양열 등 재생 가능한 에너지를 많이 생산하려 하고 원자력도 사용하고 있지만, 여전히 화석 연료가 주로 쓰일 거라고 해요.

IPCC의 보고서에 따르면, 계속해서 석탄, 석유 같은 화석 연료에 의존한다면 2100년이면 기온은 최고 6.4℃, 해수면은 59㎝까지 상승할 거라고 해요. 물론 이런 일이 실제로 일어날지는 아무도 몰라요. 그렇다고 하더라도 아무것도 하지 않고 있을 수는 없지요. 견디기 힘들 만큼 지구의 날씨가 변하거나 물에 잠기지 않은 땅을 찾아 떠나야 할 수도 있으니까요.

지금보다 상황이 더 나빠지지 않으려면, 적은 양의 연료로 많은 에너지를 얻을 수 있는 기술을 개발해야 해요. 이산화 탄소를 발생시키지 않는 재생 에너지를 더 많이 생산해 화석 연료를 대체해야 해요.

핵연료는 폭발하면 인류에게 재앙 수준의 위험을 가져다주지만, 재생 에너지와 더불어 이산화 탄소를 발생시키지 않아요. 또 석탄, 석유보다는 천연가스가 이산화 탄소를 덜 발생시켜요. 그래서 재생 에너지를 충분히 사용하게 될 때까지는 천연가스와 핵에너지를 사용해 이산화 탄소 발생을 줄여야 해요.

탄소 포집 기술

이산화 탄소를 줄이는 또 다른 방법은 인간이 만들어 낸 이산화 탄소가 대기 중으로 흩어지기 전에 알뜰히 모으고 저장했다가 이롭게 사용하는 거예요.

탄소 포집

온실가스를 줄이고 자원으로 활용하기 위한 기술이에요. 이산화 탄소가 많이 발생하는 곳에서 여러 가지 방법으로 다른 물질을 분리해 내고 이산화 탄소만 모아 압축하고 저장하는 것이죠.

이산화 탄소 포집은 화석 연료 또는 바이오매스로 에너지를 생산하는 시설, 시멘트 공장같이 이산화 탄소를 많이 배출하는 산업 시설, 천연가스를 처리하는 시설, 합성 연료를 만들어 내는 공장, 화석 연료로 수소를 생산하는 공장 등에서 할 수 있어요.

현재까지 전 세계적으로 21개의 대규모 상업용 이산화 탄소 포집 저장 시설이 가동되고 있어요. 미국이 50%를 차지해 선두에 있고, 캐나다, 노르웨이, 중국, 호주, 브라질 등이 그 뒤를 잇고 있지요. 캐나다에서는 2015년부터 2020년까지 총 500만t의 이산화 탄소를 포집했는데, 이는 한 해 동안 자동차 125만 대가 뿜어낸 양과 맞먹어요.

이산화 탄소를 포집하는 기술은 여러 가지가 있는데, 현재까지 다음의 세 가지가 연구·활용되고 있어요.

연소 후 포집 | 가장 오래된 기술로, 연료를 태워 나온 가스에서 이산화 탄소만 분리해요. 이 방법은 에너지가 많이 들므로 아직은 소형 발전소에서만 활용되고 있어요.

연소 중 포집 | 순수한 산소를 태워 나온 가스에서 이산화 탄소를 짙게 뽑아내는 거예요. 이 기술을 활용하려면 산소를 확보하기 위한 공기 분해 시설을 갖춰야 해요. 따라서 발전소를 새로 건설해야 하므로 비용이 많이 들어가요.

연소 전 포집 | 연료를 공기 분해해 일산화 탄소와 수소로 만든 다음, 수증기를 통해 이산화 탄소와 수소로 바꿔요. 그런 다음 장치를 이용해 이산화 탄소만 따로 뽑아내요. 이 기술은 새로운 설비가 필요해요.

수송 | 포집한 이산화 탄소를 자원으로 사용하려면 저장할 곳까지 운반해야 하지요. 이를 위해서는 파이프로 옮기는 게 효율적이지만 파이프라인을 갖추기 위해서는 큰 비용이 들어요.

저장 | 옮겨 온 이산화 탄소는 오랜 기간 안전하게 저장해야 해요. 이미 천연가스를 뽑아내 비어 있는 공간, 지하와 바닷속에 물이 고여 있는 공간 등에 저장하는 방법이 있어요.

하지만 시간이 흐를수록 이산화 탄소가 새어 나가 기후에 영향을 끼칠 수 있어요. 바닷속에 저장하면 이산화 탄소가 바닷물에 녹아 해양 생태계에 문제를 일으킬 수 있답니다.

문제점 | 오랜 세월 쌓여 온 화석 연료를 우리가 사용해 왔듯이 이산화 탄소도 최소 1,000년 이상 저장해서 사용할 수 있으려면, 이산화 탄소가 거의 새어 나오지 않아야 해요. 하지만 아직 그런 기술을 갖추지 못했어요. 발전소를 세우고 파이프라인을 설치하는 등 비용도 아주 많이 들어요.

무엇보다 오랜 기간에 걸쳐 어떤 문제가 생길지 알 수 없다는 거예요. 그래서 여전히 이 기술을 시도하지 못한 나라가 아주 많아요.

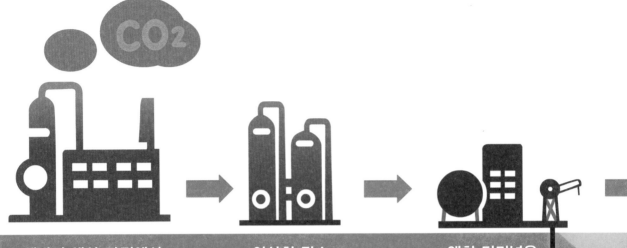

에너지 생산 과정에서
이산화 탄소 발생

이산화 탄소
포집 압축

액화 터미널을
통해 고압액화

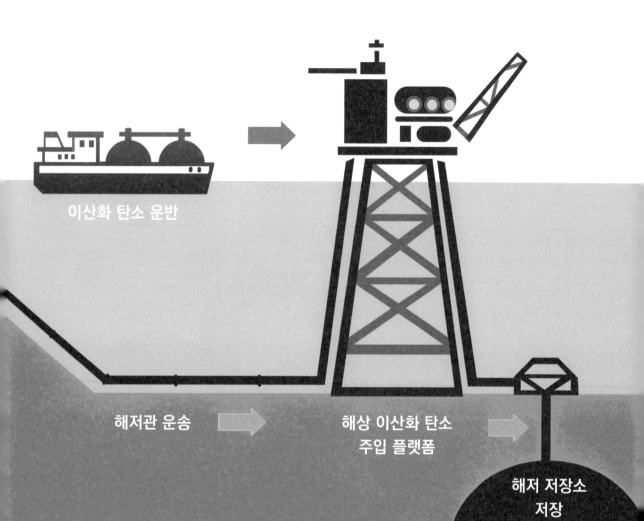

이산화 탄소 운반

해저관 운송

해상 이산화 탄소
주입 플랫폼

해저 저장소
저장

우리가 생활 속에서 할 수 있는 것들

한국 환경·기후 네트워크 사이트에서는 탄소 발자국을 계산할 수 있어요. 그리고 생활 속에서 이산화 탄소를 줄이는 방법을 알려 주지요. 간단히 소개할게요.

110

전기

에어컨을 틀면 참 시원한데 전기세가 걱정이에요. 하루 한 시간만 에어컨 대신 선풍기를 틀면, 한 달에 이산화 탄소 3.2kg을 줄일 수 있고, 돈으로 따지면 1,293원을 아낄 수 있어요.

매일매일 세탁기를 돌리면 귀찮아요. 빨랫감을 모아서 세탁하면, 한 달에 이산화 탄소 0.6kg을 줄일 수 있고, 돈으로 따지면 226원을 아낄 수 있어요.

전기밥솥은 전기 먹는 하마 같아요. 식사 후에 전기 코드를 빼놓으면, 한 달에 이산화 탄소 5.9kg을 줄일 수 있고, 돈으로 따지면 2,368원을 아낄 수 있어요.

냉장고의 냉장실은 꽉 채우면 냉기가 잘 돌지 않아요. 60%만 채우면, 한 달에 이산화 탄소 1kg을 줄일 수 있고, 돈으로 따지면 395원을 아낄 수 있어요.

컴퓨터는 온종일 켜 놓게 돼요. 절전 모드를 사용하면, 한 달에 이산화 탄소 1.6kg을 줄일 수 있고, 돈으로 따지면 653원을 아낄 수 있어요.

재미없는 프로그램이 나올 때 텔레비전을 끄고 부모님과 대화하거나 책을 보면, 한 달에 이산화 탄소 1.8kg을 줄일 수 있고, 돈으로 따지면 725원을 아낄 수 있어요.

가스

실내가 너무 따뜻하면 안과 밖의 온도 차가 커서 감기에 걸리기 쉬워요. 겨울철 난방 온도를 20℃로 설정하면, 한 달에 이산화 탄소 14.6kg을 줄일 수 있고, 돈으로 따지면 5,427원을 아낄 수 있어요.

집 밖으로 나갈 때는 보일러를 외출 기능으로 바꿔요. 보일러 사용 시간을 한 시간만 줄여도, 한 달에 이산화 탄소 28.3kg을 줄일 수 있고, 돈으로 따지면 10,518원을 아낄 수 있어요.

수도

수도 시설도 전기를 사용하므로 수돗물에도 탄소 발자국이 남아요. 절수기로 물을 아끼면, 한 달에 이산화 탄소 3.9kg을 줄일 수 있고, 돈으로 따지면 7,760원을 아낄 수 있어요.

설거지할 때 물을 내내 틀어 놓으면 탄소 발자국이 많아져요. 물을 받아서 하면, 한 달에 이산화 탄소 0.4kg을 줄일 수 있고, 돈으로 따지면 804원을 아낄 수 있어요.

욕조에 물을 받아 목욕하면 물 사용량이 많아요. 후다닥 가볍게 샤워하면, 한 달에 이산화 탄소 0.6kg을 줄일 수 있고, 돈으로 따지면 725원을 아낄 수 있어요.

교통

자동차를 타면 힘들지 않지만, 연료를 써야 해요. 운동하는 셈 치고 걷거나 자전거를 타면, 한 달에 이산화 탄소 2.1kg을 줄일 수 있고, 돈으로 따지면 7,760원을 아낄 수 있어요.

천연가스나 휘발유를 연료로 쓰는 자동차는 배기관에서 이산화 탄소가 나와요. 자가용 대신 일주일에 한 번 대중교통을 이용하면, 한 달에 이산화 탄소 39.1kg을 줄일 수 있고, 돈으로 따지면 27,502원을 아낄 수 있어요.

100km/h로 달리면 빠르지만, 그만큼 이산화 탄소가 많이 나와요. 60~80km/h로 달리면, 한 달에 이산화 탄소 5.5kg을 줄일 수 있고, 돈으로 따지면 3,864원을 아낄 수 있어요.

이것저것 짐을 싣고 달리면 차가 무거워서 속도를 내기 위해 연료를 더 써야 해요. 트렁크를 비우면, 한 달에 이산화 탄소 4.7kg을 줄일 수 있고, 돈으로 따지면 3,285원을 아낄 수 있어요.

타이어 체크만 잘해도 한 달에 이산화 탄소 6.9kg을 줄일 수 있고, 돈으로 따지면 4,821원을 아낄 수 있어요.

내비게이션으로 빠른 길을 찾으면, 한 달에 이산화 탄소 32.6kg을 줄일 수 있고, 돈으로 따지면 22,933원을 아낄 수 있어요.

이 모든 것을 지키면 한 달에 이산화 탄소 152.8kg을, 돈은 101,424

원을 아낄 수 있어요. 어린이인 우리가 할 수 있는 가장 쉬운 방법은 주변에 보이는 모든 것을 아껴 쓰는 거예요. 조금 불편하고 귀찮을 수 있어요. 하지만 이만큼 아낀 돈으로 나무를 사서 심는다면 이산화 탄소를 더 줄일 수 있어요. 그러면 지구는 좀 더 편해지고, 우리는 기상 이변으로 일어나는 자연재해로부터 더 안전해질 수 있답니다.

우리는 우리가 할 수 있는 일을 하자!

탄소 관련 상식 퀴즈

01 이산화 탄소는 기술이 발전한 산업 혁명 때부터 발생하기 시작했어요.
  ○ ✕

02 지구가 처음 태어났을 당시만 해도 태양은 지금만큼 뜨겁지 않았어요.
  ○ ✕

03 지구 최초의 생명체는 약 35년 전, 바다에서 생겼으며, 녹조 현상을 일으
  키는 _____ 예요.

04 _____ 은 식물이 햇빛을 이용해 영양분을 만드는 과정이에요. 물
  과 이산화 탄소를 포도당과 산소로 바꿔요.

05 금성은 대기의 96.5%가 이산화 탄소예요. ○ ✕

06 이산화 탄소는 공기보다 가벼워요. ○ ✕

07 영어 단어 메피틱(Mephitic)은 '해로운', '유독한', '악취가 나는'이라는
  뜻으로, _____ 라는 여신의 이름으로부터 유래됐어요.

08 반 헬몬트는 처음으로 '가스'라는 단어를 만들어 냈어요. ○ ✕

09 이산화 탄소의 화학식은 _____ 예요.

10 _____ 란, 산소가 없는 상태에서 미생물이 탄수화물을 분해해 에
  너지를 얻는 작용이에요. 빵이나 김치를 만들 때 작용해요.

11 정수된 물에 이산화 탄소를 녹인 것을 _____ 라고 해요. 유럽에서
  는 석회석이 적은 이것을 주로 마셔요.

12 이산화 탄소에 적정한 압력과 온도를 주면 기체도, 액체도 아닌 _____
  상태가 돼요.

13 이산화 탄소는 공기에서 75.51%를 차지하고 있어요. ○ ✕

🔟4 지각이 변화함에 따라 지진과 화산 활동이 일어나는데, 화산이 폭발하면 이산화 탄소가 많이 배출돼요. ○ ✕

🔟5 원시 지구에 비가 내리면서 이산화 탄소가 물에 녹아들었고, 그것이 칼슘과 결합하면서 물에 거의 녹지 않는 ....이 만들어졌어요. 조개, 달팽이, 달걀 껍데기, 진주도 이것으로 되어 있어요.

🔟6 공장에서 나오는 폐수는 알칼리성을 띠어요. 이 알칼리성 폐수를 중화하기 위해서 .... 성분인 이산화 탄소를 이용해요.

🔟7 물, 바람, 지열 등의 재생 에너지는 이산화 탄소를 많이 발생시켜요. ○ ✕

🔟8 사람은 호흡할 때 이산화 탄소를 들이마시고 산소를 내뿜어요. ○ ✕

🔟9 이산화 탄소 배출량을 0으로 만드는 것을 ....이라고 해요.

2⃣0 우리가 상품을 만들고 쓰고 버리는 과정에서 나오는 이산화 탄소의 양을 계산하는 것을 ....이라고 해요.

2⃣1 신흥 공업국, 선진국, 최빈국 중 산업용 에너지 사용량이 많아 이산화 탄소를 많이 배출하는 곳은 신흥 공업국이에요. ○ ✕

2⃣2 평소와 달리 갑작스런 폭설, 폭우, 폭염 등이 발생하는 이유는 오로지 이산화 탄소 때문이에요. ○ ✕

2⃣3 화산의 분출, 자연재해와 동식물이 호흡하면서 생기는 이산화 탄소보다 인간이 산업 활동을 하면서 만들어 내는 이산화 탄소의 양이 훨씬 많아요. ○ ✕

정답

01 ✕   02 ○   03 남조류   04 광합성   05 ○   06 ✕   07 메피테 또는 메피티스   08 ○
09 CO_2 10 발효   11 탄산수   12 초임계   13 ✕   14 ○   15 탄산 칼슘   16 산성   17 ✕
18 ✕   19 탄소 중립   20 탄소 발자국   21 ✕   22 ✕   23 ✕

탄소 관련 단어 풀이

국제기구 : 여러 나라가 서로 이롭게 하기 위해 뜻을 모아 만든 조직.

권고 : 어떤 일을 하도록 타이르거나 부추김. 또는 그런 말.

극지방 : 북극과 남극의 주변 지역.

극피동물 : 가시가 있는 껍질을 지닌 동물로 불가사리, 해삼, 성게 등이 있다.

기공 : 식물의 잎 표면에 있는 공기 구멍. 산소를 받아들이고 이산화 탄소를 내
　　　보내는 호흡을 한다. 또 식물이 사용한 물을 수증기 형태로 내뿜는다.

대기 : 우주에 존재하는 행성, 위성, 혜성, 인공위성 등의 표면을 둘러싼 기체.

도입 : 새로운 기술이나 방법, 물자 등을 들여오는 것.

맨틀 : 지구의 지각과 핵 사이, 깊이 약 30~2,900km까지 젤리 형태로 된 부분.

메탄 : 색도 향도 없는 기체로 물에 녹지 않으며, 불을 붙이면 파란 불꽃을 내
　　　면서 탄다. 대표적인 온실가스 중 하나이다. 소와 양과 같은 되새김질
　　　을 하는 동물의 방귀에 메탄이 많이 들어 있다.

미네랄 : 우리 몸의 생체 기능을 조절하는 영양소로 칼륨, 나트륨, 칼슘, 인, 철
　　　등이 있다. '무기질'이라고도 한다.

미생물 : 맨눈으로는 관찰하기 어려운 아주 작은 생물로 세균, 효모 등이 있다.

미행성 : 태양계가 생겨날 때 먼지와 기체가 결합해서 만들어졌다고 하는 작
　　　은 덩어리.

바이오매스 : 에너지로 사용 가능한 식물, 동물, 미생물 등의 생물체.

박테리아 : 다른 생물체에 붙어 살면서 병을 일으키기도 하고, 음식을 발효 또

는 부패시키기도 하는 미생물.

산성 : 수소 이온 농도가 7보다 작은 물질로, 주로 신맛을 내고 금속을 녹인다.

아메바 : 강, 바다, 습지 등 물이 있는 곳에서 이끼를 먹고 사는 단세포 동물. 몸
　　　이 한 개의 세포로 되어 있다. 더러운 물을 깨끗하게 하여 생태계를
　　　유지하는 데 도움을 준다.

압축 : 물체에 압력을 가하여 부피를 줄이는 것.

열대 우림 : 적도 근처에 있어서 일 년 내내 덥고 습하며 비가 많이 내리는 지
　　　역. 햇빛이 많이 비치기 때문에 다른 지역보다 숲이 울창하다.

온실 효과 : 이산화 탄소, 메탄 등의 온실가스가 지구에 있는 열을 지구 밖으로
　　　빠져나가지 못하도록 막아서 지구의 평균 기온을 유지하는 작용.

온실가스 : 대기 중에 포함되어 있으면서 지구의 표면에서 우주로 달아나는 열
　　　을 가두어 지구를 온실처럼 만드는 기체. 지구의 대기를 오염시키
　　　는 이산화 탄소, 메탄, 가스뿐 아니라 수증기도 중요한 온실가스 중
　　　하나이다.

원자 : 화학 반응으로 더는 쪼갤 수 없는 가장 작은 알갱이. 지름은 100억 분의
　　　1m 정도로 매우 작다.

유기물 : 동물, 식물 등의 생명체를 이루는 물질.

이온화 : 원자는 핵과 전자로 되어 있는데, 전자가 움직이는 상황이 생겨 전기
　　　적 성질을 띠게 되는 반응을 말한다.

일산화 탄소 : 색과 냄새가 없고 독성이 있는 기체. 산소가 부족한 상태에서 석
　　　탄이나 석유 등이 탈 때 발생한다.

중립 : 어느 쪽에도 치우치지 않고 중간의 입장에 섬.

채택 : 여럿 중에서 골라서 결정하는 것.

kWh(킬로와트시) : 열량, 전력량 등의 에너지 단위로, 전력 요금을 측정하는 데 쓰인다. 1w(와트)의 비율로 1시간에 소비되는 에너지를 1Wh(와트시)라고 하며, 이것의 1,000배를 1kWh(킬로와트시)로 표현한다.

평균 기온 : 하루에 몇 번 정해진 시간에 기온을 재서 평균을 내고, 이것을 써서 월평균과 연평균을 낸 것.

폐수 : 공장이나 광산 등에서 쓰고 난 뒤 버려지는 물.

ppm(피피엠) : 물이나 공기가 오염됐을 때, 100만개를 기준으로, 오염 물질이 차지하는 비율을 나타낸다. 이산화 탄소 농도가 100ppm이라면, 공기 분자 100만 개 중 100개가 이산화 탄소라는 뜻.

해수면 : 바닷물의 가장 바깥쪽.

ha(헥타르) : 면적을 나타내는 단위의 한 종류. 1ha=10,000㎡(100m×100m)를 의미한다.

화석 연료 : 먼 옛날 지구상에 살았던 생물이 죽은 후 땅속에 묻혀 있다가 오랜 시간에 걸쳐 온도와 압력의 변화로 만들어진 에너지 자원. 석탄, 석유, 천연가스 등이 있다.

확보 : 확실하게 가지고 있음.